Kulinaria Morza Śródziemnego

Odkryj bogactwo smaków

Sofia Cagliostro

Indeks

paella warzywna 8

Zapiekanka Z Bakłażana I Ryżu 10

dużo kuskusu warzywnego 12

kuszari 15

Bulgur Z Pomidorami I Ciecierzycą 18

makrela maccheroni 20

Maccheroni Z Pomidorami Czereśniowymi I Anchois 22

Risotto z cytryną i krewetkami 24

spaghetti z małżami 26

Grecka zupa rybna 28

Venere Ryż Z Krewetkami 30

Pennette z Łososiem i Wódką 32

Carbonara z owocami morza 34

Garganelli z pesto z cukinii i krewetek 36

risotto z łososiem 39

Makaron Z Pomidorami Czereśniowymi I Anchois 41

Orecchiette z brokułami i kiełbasą 43

Risotto z Radicchio i Wędzonym Boczkiem 45

Makaron alla Genovese 47

Makaron z kalafiora z Neapolu 50

Pasta e Fagioli z pomarańczą i koprem włoskim 52

spaghetti z cytryną 54

Przyprawiony kuskus warzywny 56

Pieczony Ryż Doprawiony Koperem 58

Marokański kuskus z ciecierzycą 60

Paella wegetariańska z fasolką szparagową i ciecierzycą 62

Krewetki Czosnkowe Z Pomidorami I Bazylią 64

paella z krewetkami 66

Sałatka z soczewicy z oliwkami, miętą i serem feta 68

Ciecierzyca Z Czosnkiem I Pietruszką 70

Duszona Ciecierzyca Z Bakłażanem I Pomidorem 72

Grecki ryż z cytryną 74

Ryż z czosnkiem i ziołami 76

Śródziemnomorska sałatka z ryżem 78

Sałatka ze świeżej fasoli i tuńczyka 80

Pyszny Makaron Z Kurczaka 82

Smaki Taco Miska Ryżu 84

Makaron i Ser Smaczne 86

Ryż Z Ogórkiem I Oliwkami 88

Ziołowe Smaki Risotto 90

pyszny wiosenny makaron 92

Makaron z Pieczonej Papryki 94

Ser Z Basilem I Pomidorowym Ryżem 96

mak i ser 98

makaron z tuńczykiem 100

Mieszanka panini z awokado i indyka 102

Wrap z ogórka, kurczaka i mango 104

Fattoush – bliskowschodni chleb 106

Bezglutenowa focaccia z pomidorami i czosnkiem 108

Grillowane hamburgery z pieczarkami 110

Śródziemnomorska Baba Ghanoush 112

Bułki wielozbożowe i bezglutenowe 114

linguine z owocami morza 116

Imbir Krewetki I Pomidor Relish 118

Krewetki I Makaron 121

gotowany dorsz 123

Małże w białym winie 125

tłusty łosoś 127

płaski łosoś 129

Melodia tuńczyka 130

ser morski 131

zdrowe steki 132

łosoś ziołowy 133

Glazurowany Smokey Tuńczyk 134

Chrupiący Halibut 135

Fit Tuńczyk 136

Gorące i świeże steki rybne 136

Małże O'Marine 138

Śródziemnomorska pieczeń wołowa w powolnej kuchence 139

Wolnowarowa śródziemnomorska wołowina z karczochami 141

Garnek do pieczenia w stylu śródziemnomorskim Skinny Slow Cooker . 143

Pieczeń Mięsna w Wolnej Kuchni 145

Kawałki Śródziemnomorskiej Wołowiny Slow Cooker 147

Śródziemnomorska pieczeń wieprzowa 149

pizza z mięsem 151

Pulpety z wołowiny i kaszy bulgur 154

Smaczna wołowina i brokuły 156

chili kukurydziane wołowe 157

Balsamiczny talerz mięsny 158

sos sojowy do pieczonej wołowiny 160

Pieczeń Wołowa Alecrim 162

Kotlety schabowe i sos pomidorowy 164

Kurczak Z Sosem Kaparowym 165

Burgery z Indyka Z Sosem Mango 167

Pieczona pierś z indyka z ziołami 169

Kiełbasa Z Kurczaka I Papryki 171

Siekany Kurczak 173

toskański kurczak 175

kurczak kapama 177

Pierś Z Kurczaka Faszerowana Szpinakiem I Fetą 179

Pieczone udka z kurczaka z rozmarynem 181

Kurczak Z Cebulą, Ziemniakami, Figą I Marchewką 182

Gyros z kurczaka z tzatzikami 184

musaka 186

Schab z ziołami i dijon 188

Stek Z Czerwonego Wina - Sos Pieczarkowy 190

greckie klopsiki 193

jagnięcina z fasolą 195

Kurczak W Sosie Pomidorowym Balsamicznym 197

Brązowy ryż, ser feta, świeży groszek i sałatka z mięty 199

Pełnoziarnisty placek nadziewany oliwkami i ciecierzycą 201

Pieczone Marchewki Z Orzechami I Fasolą Cannellini 203

Kurczak przyprawiony masłem 205

Kurczak z Podwójnym Serem Bekonowym 207

Krewetki Z Cytryną I Pieprzem 209

Panierowany i sezonowany halibut 211

Curry z łososia z musztardą 213

Łosoś Na Cieście Orzechowo-Rozmarynowym 214

Szybkie pomidorowe spaghetti 216

Zapiekany Ser Z Pieprzowym Oregano 218

311. Chrupiący kurczak po włosku 218

paella warzywna

Czas przygotowania: 25 minut

Czas gotowania: 45 minut

Porcje: 6

Poziom trudności: średni

Składniki:

- ¼ szklanki oliwy z oliwek
- 1 duża słodka cebula
- 1 duża czerwona papryka
- 1 duża zielona papryka
- 3 drobno posiekane ząbki czosnku
- 1 łyżeczka wędzonej papryki
- 5 nitek szafranu
- 1 cukinia pokrojona w ½ cala kostkę
- 4 duże, dojrzałe pomidory, obrane, pozbawione nasion i pokrojone w kostkę
- 1 ½ szklanki hiszpańskiego ryżu krótkoziarnistego
- 3 szklanki bulionu warzywnego, podgrzanego

Instrukcje:

Rozgrzej piekarnik do 350 ° F. Gotuj oliwę z oliwek na średnim ogniu. Dodaj cebulę oraz czerwoną i zieloną paprykę i gotuj przez 10 minut.

Dodać czosnek, paprykę, nitki szafranu, cukinię i pomidory. Zmniejsz ogień do średnio-niskiego i gotuj przez 10 minut.

Dodać bulion ryżowo-warzywny. Zwiększ ogień, aby paella się zagotowała. Umieść na średnim ogniu i gotuj przez 15 minut. Owiń blachę do pieczenia folią aluminiową i włóż do piekarnika.

Piecz przez 10 minut lub do wchłonięcia bulionu.

Odżywianie (na 100g): 288 kalorii 10 g tłuszczu 46 g węglowodanów 3 g białka 671 mg sodu

Zapiekanka Z Bakłażana I Ryżu

Czas przygotowania: 30 minut

Czas gotowania: 35 minut

Porcje: 4

Stopień trudności: trudny

Składniki:

- <u>na sos</u>
- ½ szklanki oliwy z oliwek
- 1 mała posiekana cebula
- 4 zmiażdżone ząbki czosnku
- 6 dojrzałych pomidorów, obranych i pokrojonych
- 2 łyżki koncentratu pomidorowego
- 1 łyżeczka suszonego oregano
- ¼ łyżeczki mielonej gałki muszkatołowej
- ¼ łyżeczki mielonego kminku
- <u>do zapiekanki</u>
- 4 (6 cali) japońskie bakłażany, przekrojone na pół wzdłuż
- 2 łyżki oliwy z oliwek
- 1 szklanka ugotowanego ryżu
- 2 łyżki orzeszków piniowych, prażonych
- 1 szklanka wody

Instrukcje:

zrobić sos

Rozgrzej olej na patelni z grubym dnem na średnim ogniu. Włóż cebulę i gotuj przez 5 minut. Dodaj czosnek, pomidory, koncentrat pomidorowy, oregano, gałkę muszkatołową i kminek. Doprowadzić do wrzenia, a następnie zmniejszyć ogień i gotować przez 10 minut. Usuń i zarezerwuj.

Aby zrobić zapiekankę

Rozgrzej grilla. Gdy sos się zagotuje, skrop bakłażana oliwą z oliwek i umieść w naczyniu do pieczenia. Grillować około 5 minut na złoty kolor. Wyjąć i ostudzić. Ustaw piekarnik na 375 ° F. Ułóż schłodzonego bakłażana, przeciętą stroną do góry, w naczyniu do pieczenia o wymiarach 9 na 15 cali. Delikatnie wyjąć część mięsa, aby zrobić miejsce na farsz.

W misce wymieszaj połowę sosu pomidorowego, ugotowany ryż i orzeszki piniowe. Każdą połówkę bakłażana nadziewamy mieszanką ryżową. W tej samej misce wymieszaj pozostały sos pomidorowy i wodę. Wylać na bakłażana. Piecz pod przykryciem przez 20 minut, aż bakłażan będzie miękki.

Odżywianie (na 100g): 453 kalorie 39 g tłuszczu 29 g węglowodanów 7 g białka 820 mg sodu

dużo kuskusu warzywnego

Czas przygotowania: 15 minut

Czas gotowania: 45 minut

Porcje: 8

Stopień trudności: trudny

Składniki:

- ¼ szklanki oliwy z oliwek
- 1 posiekana cebula
- 4 mielone ząbki czosnku
- 2 papryczki jalapeno nakłute widelcem w kilku miejscach
- ½ łyżeczki mielonego kminku
- ½ łyżeczki mielonej kolendry
- 1 puszka (28 uncji) zmiażdżonych pomidorów
- 2 łyżki koncentratu pomidorowego
- 1/8 łyżeczki soli
- 2 liście laurowe
- 11 szklanek wody, podzielone
- 4 marchewki
- 2 cukinie, pokrojone na 2-calowe kawałki
- 1 dynia żołędziowa, przekrojona na pół, pozbawiona nasion i pokrojona w plastry o grubości 1 cala
- 1 puszka (15 uncji) ciecierzycy, odsączona i opłukana
- ¼ szklanki posiekanych konserwowanych cytryn (opcjonalnie)

- 3 szklanki kuskusu

Instrukcje:

Na patelni z grubym dnem podgrzej olej. Dodaj cebulę i gotuj przez 4 minuty. Wmieszaj czosnek, papryczki jalapeno, kminek i kolendrę. Gotuj przez 1 minutę. Dodaj pomidory, pastę pomidorową, sól, liście laurowe i 8 szklanek wody. Doprowadź mieszaninę do wrzenia.

Dodać marchew, cukinię i dynię i ponownie zagotować. Zmniejszyć nieco ogień, przykryć i gotować około 20 minut, aż warzywa będą miękkie, ale nie rozgotowane. Weź 2 szklanki płynu z gotowania i odstaw. Doprawić według uznania.

Dodaj ciecierzycę i konserwowane cytryny (jeśli używasz). Gotuj przez kilka minut i wyłącz ogrzewanie.

W średnim rondlu zagotuj pozostałe 3 szklanki wody na dużym ogniu. Dodaj kuskus, przykryj i wyłącz ogień. Odstawiamy kuskus na 10 minut. Skrop 1 szklanką zarezerwowanego płynu do gotowania. Za pomocą widelca rozgnieść kuskus.

Układamy na dużym talerzu. Skrop pozostałym płynem z gotowania. Zdejmij warzywa z patelni i ułóż je na wierzchu. Resztę gulaszu podawaj w osobnej misce.

Odżywianie (na 100g): 415 kalorii 7 g tłuszczu 75 g węglowodanów 9 g białka 718 mg sodu

kuszari

Czas przygotowania: 25 minut

Czas gotowania: 1 godzina i 20 minut

Porcje: 8

Stopień trudności: trudny

Składniki:

- na sos
- 2 łyżki oliwy z oliwek
- 2 posiekane ząbki czosnku
- 1 puszka (16 uncji) sosu pomidorowego
- ¼ szklanki białego octu
- ¼ szklanki harissy lub kupionej w sklepie
- 1/8 łyżeczki soli
- dla ryżu
- 1 szklanka oliwy z oliwek
- 2 cienko pokrojone cebule
- 2 szklanki suszonej brązowej soczewicy
- 4 kwarty plus ½ szklanki wody, podzielone
- 2 szklanki ryżu krótkoziarnistego
- 1 łyżeczka soli
- Półfuntowy makaron z krótkimi łokciami
- 1 puszka (15 uncji) ciecierzycy, odsączona i opłukana

Instrukcje:

zrobić sos

Na patelni rozgrzej olej. Podsmaż czosnek. Wymieszaj sos pomidorowy, ocet, harissę i sól. Doprowadź sos do wrzenia. Zmniejsz ogień i gotuj przez 20 minut lub do momentu, aż sos zgęstnieje. Usuń i zarezerwuj.

Aby zrobić ryż

Przygotuj talerz z ręcznikami papierowymi i odłóż na bok. Na dużej patelni na średnim ogniu rozgrzej olej. Podsmaż cebulę, ciągle mieszając, aż stanie się chrupiąca i złocista. Cebule przełożyć do przygotowanego naczynia i odstawić. Zarezerwuj 2 łyżki oleju jadalnego. Zarezerwuj patelnię.

Na dużym ogniu połącz soczewicę i 4 szklanki wody w rondlu. Doprowadzić do wrzenia i gotować przez 20 minut. Odcedź i wymieszaj z zarezerwowanymi 2 łyżkami oleju jadalnego. Odłóż ją na bok. Zarezerwuj patelnię.

Umieść patelnię, na której smażyłaś cebulę, na średnim ogniu i dodaj ryż, 4½ szklanki wody i sól. Doprowadzić do wrzenia. Dostosuj ciepło do niskiego poziomu i gotuj przez 20 minut. Wyłączyć i odstawić na 10 minut. Doprowadź pozostałe 8 szklanek wody, solonej, do wrzenia na dużym ogniu w tym samym garnku, w którym gotowała się soczewica. Dodaj makaron i gotuj przez 6 minut lub zgodnie z instrukcją na opakowaniu. Biegaj i rezerwuj.

jeździć

Ryż ułożyć na talerzu. Posyp soczewicą, ciecierzycą i makaronem. Skrop gorącym sosem pomidorowym i posyp chrupiącą smażoną cebulką.

Odżywianie (na 100g): 668 kalorii 13 g tłuszczu 113 g węglowodanów 18 g białka 481 mg sodu

Bulgur Z Pomidorami I Ciecierzycą

Czas przygotowania: 10 minut

Czas gotowania: 35 minut

Porcje: 6

Poziom trudności: średni

Składniki:

- ½ szklanki oliwy z oliwek
- 1 posiekana cebula
- 6 pokrojonych w kostkę pomidorów lub 1 puszka (16 uncji) pokrojonych w kostkę pomidorów
- 2 łyżki koncentratu pomidorowego
- 2 szklanki wody
- 1 łyżka harissy lub kupionej w sklepie
- 1/8 łyżeczki soli
- 2 szklanki gęstego bulguru
- 1 puszka (15 uncji) ciecierzycy, odsączona i opłukana

Instrukcje:

Na patelni z grubym dnem na średnim ogniu rozgrzej olej. Podsmaż cebulę, dodaj pomidory z sokiem i gotuj przez 5 minut.

Wymieszać koncentrat pomidorowy, wodę, harissę i sól. Doprowadzić do wrzenia.

Wymieszaj z bulgurem i ciecierzycą. Ponownie doprowadzić mieszaninę do wrzenia. Zmniejsz ogień i gotuj przez 15 minut. Odstaw na 15 minut przed podaniem.

Odżywianie (na 100g): 413 kalorii 19 g tłuszczu 55 g węglowodanów 14 g białka 728 mg sodu

makrela maccheroni

Czas przygotowania: 10 minut

Czas gotowania: 15 minut

Porcje: 4

Poziom trudności: łatwy

Składniki:

- 12 uncji makaronu
- 1 ząbek czosnku
- 14 uncji sosu pomidorowego
- 1 gałązka posiekanej natki pietruszki
- 2 świeże papryki
- 1 łyżeczka soli
- 7 uncji makreli w oleju
- 3 łyżki oliwy z oliwek extra vergine

Instrukcje:

Zacznij od zagotowania wody w garnku. Podczas gdy woda się nagrzewa, weź patelnię, wlej trochę oleju i trochę czosnku i postaw na małym ogniu. Gdy czosnek się zeszkli, zdejmij go z patelni.

Pokrój paprykę, usuń wewnętrzne nasiona i pokrój w cienkie paski.

Dodaj wodę z gotowania i papryczkę chili na tę samą patelnię, co poprzednio. Następnie wyjąć makrelę i po odsączeniu oleju i oddzieleniu widelcem przełożyć na patelnię z pozostałymi składnikami. Lekko podsmaż, dodając trochę wody z gotowania.

Gdy wszystkie składniki dobrze się połączą, przełóż przecier pomidorowy na patelnię. Dobrze wymieszaj, aby wyrównać wszystkie składniki i gotuj na małym ogniu przez około 3 minuty.

Przejdźmy do ciasta:

Gdy woda zacznie się gotować, dodaj sól i makaron. Odcedź maccheroni, gdy tylko będą lekko al dente i dodaj je do przygotowanego sosu.

Chwilę podsmażamy w sosie i po degustacji doprawiamy solą i pieprzem do smaku.

Odżywianie (na 100g): 510 kalorii 15,4 g tłuszczu 70 g węglowodanów 22,9 g białka 730 mg sodu

Maccheroni Z Pomidorami Czereśniowymi I Anchois

Czas przygotowania: 10 minut

Czas gotowania: 15 minut

Porcje: 4

Poziom trudności: łatwy

Składniki:

- 14 uncji makaronu
- 6 solonych anchois
- 4 uncje pomidorów koktajlowych
- 1 ząbek czosnku
- 3 łyżki oliwy z oliwek extra vergine
- świeża papryka do smaku
- 3 listki bazylii
- sól dla smaku

Instrukcje:

Zacznij od podgrzania wody na patelni i dodaj sól, gdy się zagotuje. W międzyczasie przygotuj sos: weź umyte pomidory i pokrój je na 4 części.

Teraz weź patelnię z powłoką nieprzywierającą, skrop olejem i wrzuć ząbek czosnku. Po ugotowaniu zdjąć z patelni. Dodaj oczyszczone sardele na patelnię, rozpuszczając je w oleju.

Gdy sardele dobrze się rozpuszczą, dodaj pokrojone kawałki pomidorów i postaw na dużym ogniu, aż zaczną mięknąć (uważaj, aby nie zmiękły za bardzo).

Dodaj papryczkę chilli bez pestek, pokrój na małe kawałki i dopraw.

Przełóż makaron do garnka z wrzącą wodą, odcedź al dente i gotuj na patelni przez kilka chwil.

Odżywianie (na 100g): 476 kalorii 11 g tłuszczu 81,4 g węglowodanów 12,9 g białka 763 mg sodu

Risotto z cytryną i krewetkami

Czas przygotowania: 10 minut

Czas gotowania: 30 minut

Porcje: 4

Poziom trudności: łatwy

Składniki:

- 1 cytryna
- 14 uncji nieobranych krewetek
- 1 ¾ szklanki ryżu do risotto
- 1 biała cebula
- 33 strona oz (1 litr) bulionu warzywnego (nawet mniej jest w porządku)
- 2 ½ łyżki masła
- ½ szklanki białego wina
- sól dla smaku
- czarny pieprz do smaku
- szczypiorek do smaku

Instrukcje:

Zacznij od gotowania krewetek w osolonej wodzie przez 3-4 minuty, odcedź i odstaw.

Cebulę obrać i drobno posiekać, podsmażyć na roztopionym maśle, a gdy masło wyschnie, przez kilka minut podpiekać ryż na patelni.

Ryż zdeglasować połową kieliszka białego wina i dodać sok z 1 cytryny. Wymieszaj i dokończ gotowanie ryżu, dodając w razie potrzeby łyżkę bulionu warzywnego.

Dobrze wymieszaj i na kilka minut przed końcem gotowania dodaj ugotowane wcześniej krewetki (zostaw trochę do dekoracji) i trochę czarnego pieprzu.

Po wyłączeniu ognia dodaj kostkę masła i zamieszaj. Risotto jest gotowe do podania. Udekoruj pozostałymi krewetkami i posyp dymką.

Odżywianie (na 100g): 510 kalorii 10 g tłuszczu 82,4 g węglowodanów 20,6 g białka 875 mg sodu

spaghetti z małżami

Czas przygotowania: 10 minut

Czas gotowania: 40 minut

Porcje: 4

Poziom trudności: łatwy

Składniki:

- 11,5 uncji spaghetti
- 2 funty małży
- 7 uncji sosu pomidorowego lub przecieru pomidorowego do czerwonej wersji tego dania
- 2 ząbki czosnku
- 4 łyżki oliwy z oliwek extra vergine
- 1 kieliszek wytrawnego białego wina
- 1 łyżka posiekanej natki pietruszki
- 1 pieprz

Instrukcje:

Zacznij od umycia małży: nigdy nie „oczyszczaj" małży – należy je otwierać tylko za pomocą ciepła, w przeciwnym razie ich cenny płyn wewnętrzny zostanie utracony wraz z piaskiem. Szybko umyj małże, używając durszlaka umieszczonego w salaterce: odfiltruje to piasek z muszli.

Następnie natychmiast umieść odsączone małże w przykrytym garnku na dużym ogniu. Od czasu do czasu je odwracaj i gdy prawie wszystkie się otworzą, zdejmij je z ognia. Małże, które pozostają zamknięte, są martwe i należy je zutylizować. Wyjąć mięczaki z otwartych, pozostawiając trochę do dekoracji talerzy. Wlej płyn pozostały z dna patelni i zamów.

Weź dużą patelnię i wlej do niej trochę oleju. Podgrzej całą paprykę i jeden lub dwa zmiażdżone ząbki czosnku na bardzo małym ogniu, aż ząbki zżółkną. Dodaj małże i dopraw białym wytrawnym winem.

Teraz dodaj przecedzony wcześniej płyn z małży i trochę posiekanej natki pietruszki.

Odcedź i natychmiast umieść spaghetti al dente na patelni, po ugotowaniu w dużej ilości osolonej wody. Dobrze wymieszaj, aż spaghetti wchłonie cały płyn z małży. Jeśli nie użyłeś pieprzu, dopraw go lekką szczyptą białego lub czarnego pieprzu.

Odżywianie (na 100g): 167 kalorii 8 g tłuszczu 8,63 g węglowodanów 5 g białka 720 mg sodu

Grecka zupa rybna

Czas przygotowania: 10 minut

Czas gotowania: 60 minut

Porcje: 4

Poziom trudności: łatwy

Składniki:

- Morszczuk lub inna biała ryba
- 4 ziemniaki
- 4 dymki
- 2 marchewki
- 2 łodygi selera
- 2 pomidory
- 4 łyżki oliwy z oliwek extra vergine
- 2 jajka
- 1 cytryna
- 1 szklanka ryżu
- sól dla smaku

Instrukcje:

Wybierz rybę o wadze nie większej niż 2,2 kilograma, usuń łuski, skrzela i jelita i dokładnie umyj. Sól i książka.

Umyj ziemniaki, marchewkę i cebulę i włóż je do garnka w całości, zalewając wystarczającą ilością wody, aby się namoczyły, a następnie doprowadź do wrzenia.

Dodać seler zwinięty jeszcze w pęczki, aby nie rozpłynął się podczas gotowania, pomidory pokroić na cztery części i również dodać razem z olejem i solą.

Gdy warzywa będą prawie ugotowane, dodaj więcej wody i rybę. Gotować 20 minut i wyjąć z bulionu razem z warzywami.

Rybę ułożyć na półmisku dekorując warzywami i przecedzić bulion. Wstaw bulion z powrotem na ogień, rozcieńczając go odrobiną wody. Po ugotowaniu dodać ryż i doprawić solą. Gdy ryż się ugotuje, zdejmij patelnię z ognia.

Przygotuj sos avgolemono:

Dobrze ubij jajka i stopniowo dodawaj sok z cytryny. Wlej trochę bulionu do chochli i stopniowo wlewaj do jajek, ciągle mieszając.

Na koniec dodać otrzymany sos do zupy i dokładnie wymieszać.

Odżywianie (na 100g): 263 kalorii 17,1 g tłuszczu 18,6 g węglowodanów 9 g białka 823 mg sodu

Venere Ryż Z Krewetkami

Czas przygotowania: 10 minut

Czas gotowania: 55 minut

Porcje: 3

Poziom trudności: łatwy

Składniki:

- 1 ½ szklanki czarnego ryżu Venere (najlepiej parzonego)
- 5 łyżeczek oliwy z oliwek extra vergine
- 10,5 uncji krewetek
- 10,5 uncji cukinii
- 1 cytryna (sok i skórka)
- sól kuchenna do smaku
- czarny pieprz do smaku
- 1 ząbek czosnku
- tabasko do smaku

Instrukcje:

Zacznijmy od ryżu:

Po napełnieniu garnka dużą ilością wody i doprowadzeniu go do wrzenia dodać ryż, dodać sól i gotować przez niezbędny czas (patrz instrukcja przygotowania na opakowaniu).

W międzyczasie zetrzyj cukinię na tarce o dużych oczkach. Na patelni rozgrzej olej z obranym ząbkiem czosnku, dodaj startą cukinię, sól i pieprz i smaż przez 5 minut, wyjmij ząbek czosnku i zachowaj warzywa.

Teraz oczyść krewetki:

Usuń skórę, odetnij ogon, przekrój wzdłuż na pół i usuń jelito (ciemna nitka na grzbiecie). Oczyszczone krewetki przełóż do miski i dopraw oliwą z oliwek; nadaj mu dodatkowego smaku, dodając skórkę z cytryny, sól i pieprz, aw razie potrzeby dodając kilka kropli Tabasco.

Krewetki podgrzewać na gorącej patelni przez kilka minut. Po ugotowaniu odstawić.

Gdy ryż Venere będzie gotowy, przecedź go do miski, dodaj mieszankę z cukinii i wymieszaj.

Odżywianie (na 100g): 293 kalorii 5 g tłuszczu 52 g węglowodanów 10 g białka 655 mg sodu

Pennette z Łososiem i Wódką

Czas przygotowania: 10 minut

Czas gotowania: 18 minut

Porcje: 4

Poziom trudności: łatwy

Składniki:

- Pennette Rigate 14 uncji
- 7 uncji wędzonego łososia
- 1,2 uncji szalotki
- 1,35 fl. uncje (40 ml) wódki
- 5 uncji pomidorów koktajlowych
- 7 uncji świeżej płynnej śmietany (polecam śmietanę warzywną do lżejszego dania)
- szczypiorek do smaku
- 3 łyżki oliwy z oliwek extra vergine
- sól dla smaku
- czarny pieprz do smaku
- Bazylia do smaku (do dekoracji)

Instrukcje:

Umyj i pokrój pomidory i szczypiorek. Po obraniu cebuli posiekaj ją nożem, umieść na patelni i marynuj przez kilka chwil w oliwie z oliwek z pierwszego tłoczenia.

W międzyczasie pokroić łososia w paski i podsmażyć razem z oliwą i szalotką.

Całość mieszamy z wódką, uważając, aby nie doszło do płomienia (jeśli płomień się podniesie, nie martw się, zgaśnie po całkowitym odparowaniu alkoholu). Dodaj pokrojone pomidory i szczyptę soli i, jeśli lubisz, trochę pieprzu. Na koniec dodać śmietanę i posiekany szczypiorek.

Podczas gdy sos nadal się gotuje, przygotuj makaron. Gdy woda się zagotuje, wlej pennette i gotuj al dente.

Odcedź makaron i wlej Pennette do sosu, gotując przez kilka chwil, aby wchłonął cały smak. Jeśli chcesz, udekoruj listkiem bazylii.

Odżywianie (na 100g): 620 kalorii 21,9 g tłuszczu 81,7 g węglowodanów 24 g białka 326 mg sodu

Carbonara z owocami morza

Czas przygotowania: 15 minut

Czas gotowania: 50 minut

Porcje: 3

Poziom trudności: łatwy

Składniki:

- 11,5 uncji spaghetti
- 3,5 uncji tuńczyka
- 3,5 uncji miecznika
- 3,5 uncji łososia
- 6 klejnotów
- 4 łyżki parmezanu (Parmigiano Reggiano)
- 2 strony uncje (60 ml) białego wina
- 1 ząbek czosnku
- Oliwa z oliwek extra virgin do smaku
- sól kuchenna do smaku
- czarny pieprz do smaku

Instrukcje:

Zagotuj wrzącą wodę na patelni i dodaj trochę soli.

W międzyczasie do miski wbij 6 żółtek i dodaj starty parmezan, pieprz i sól. Ubij trzepaczką i rozcieńcz niewielką ilością wody z garnka.

Usuń ości z łososia, łuski z miecznika i pokrój tuńczyka, łososia i miecznika w kostkę.

Gdy się zagotuje dodać makaron i ugotować lekko al dente.

W międzyczasie na dużej patelni rozgrzej odrobinę oleju, dodaj cały obrany ząbek czosnku. Gdy olej się rozgrzeje, dodaj kostki rybne i smaż na dużym ogniu przez około 1 minutę. Usuń czosnek i dodaj białe wino.

Gdy alkohol odparuje, usuń kostki rybne i zmniejsz ogień. Gdy spaghetti będzie gotowe, dodaj je na patelnię i gotuj przez około minutę, ciągle mieszając i dodając wodę z gotowania, jeśli to konieczne.

Dodaj mieszaninę żółtek i kostki rybne. Dobrze wymieszaj. Podawać.

Odżywianie (na 100g): 375 kalorii 17 g tłuszczu 41,40 g węglowodanów 14 g białka 755 mg sodu

Garganelli z pesto z cukinii i krewetek

Czas przygotowania: 10 minut

Czas gotowania: 30 minut

Porcje: 4

Poziom trudności: średni

Składniki:

- 14 uncji Garganelli na bazie jajka
- Na pesto z cukinii:
- 7 uncji cukinii
- 1 szklanka orzeszków piniowych
- 8 łyżek (0,35 uncji) bazylii
- 1 łyżeczka soli kuchennej
- 9 łyżek oliwy extra vergine
- 2 łyżki parmezanu do utarcia
- 1 uncja pecorino do starcia
- Na smażone krewetki:
- 8,8 uncji krewetek
- 1 ząbek czosnku
- 7 łyżek oliwy z oliwek extra vergine
- szczypta soli

Instrukcje:

Zacznij od przygotowania pesto:

Cukinie po umyciu zetrzeć na tarce, przełożyć na durszlak (aby straciły nadmiar płynu) i lekko posolić. Umieść orzeszki piniowe, liście cukinii i bazylii w blenderze. Dodać starty parmezan, pecorino i oliwę extra vergine.

Ubij wszystko, aż uzyskasz kremową masę, dodaj szczyptę soli i odstaw.

Przełącz na krewetki:

Najpierw usuń jelito, przecinając grzbiet krewetki nożem na całej długości i czubkiem noża usuń czarną nitkę znajdującą się w środku.

Podsmaż ząbek czosnku na nieprzywierającej patelni z oliwą z oliwek z pierwszego tłoczenia. Gdy się zeszkli, wyjąć czosnek i dodać krewetki. Smaż je przez około 5 minut na średnim ogniu, aż zobaczysz chrupiącą skórkę na zewnątrz.

Następnie zagotuj garnek z osoloną wodą i ugotuj Garganelli. Zachowaj kilka łyżek wody z gotowania i odcedź makaron al dente.

Umieść garganelli na patelni, na której smażyłeś krewetki. Gotować przez minutę, dodać łyżkę wody z gotowania i na końcu dodać pesto z cukinii.

Wszystko dobrze wymieszaj, aby makaron połączył się z sosem.

Odżywianie (na 100g): 776 kalorii 46 g tłuszczu 68 g węglowodanów 22,5 g białka 835 mg sodu

risotto z łososiem

Czas przygotowania: 10 minut

Czas gotowania: 30 minut

Porcje: 4

Poziom trudności: średni

Składniki:

- 1 ¾ szklanki (12,3 uncji) ryżu
- 8,8 uncji steków z łososia
- 1 por
- Oliwa z oliwek extra virgin do smaku
- 1 ząbek czosnku
- ½ szklanki białego wina
- 3 ½ łyżki startego Grana Padano
- sól dla smaku
- czarny pieprz do smaku
- 17 strona oz (500 ml) bulionu rybnego
- 1 szklanka masła

Instrukcje:

Zacznij od oczyszczenia łososia i pokrojenia go na małe kawałki. Na patelni podsmaż 1 łyżkę oleju z całym ząbkiem czosnku i smaż łososia przez 2/3 minuty, dodaj sól i odłóż łososia, usuwając czosnek.

Teraz zacznij przygotowywać risotto:

Por kroimy na bardzo małe kawałki i gotujemy na patelni na małym ogniu z dwiema łyżkami oliwy z oliwek. Dodaj ryż i gotuj przez kilka sekund na średnim ogniu, mieszając drewnianą łyżką.

Dodaj białe wino i kontynuuj gotowanie, od czasu do czasu mieszając, starając się, aby ryż nie przywarł do garnka, i stopniowo dodawaj bulion (warzywny lub rybny).

W połowie gotowania dodać łososia, masło i ewentualnie szczyptę soli. Gdy ryż dobrze się ugotuje, zdejmij z ognia. Połączyć z kilkoma łyżkami startego Grana Padano i podawać.

Odżywianie (na 100g): 521 kalorii 13 g tłuszczu 82 g węglowodanów 19 g białka 839 mg sodu

Makaron Z Pomidorami Czereśniowymi I Anchois

Czas przygotowania: 15 minut

Czas gotowania: 35 minut

Porcje: 4

Poziom trudności: łatwy

Składniki:

- 10,5 uncji spaghetti
- 1,3 funta pomidorów koktajlowych
- 9 uncji anchois (wstępnie oczyszczone)
- 2 łyżki kaparów
- 1 ząbek czosnku
- 1 mała czerwona cebula
- pietruszka do smaku
- Oliwa z oliwek extra virgin do smaku
- sól kuchenna do smaku
- czarny pieprz do smaku
- Czarne oliwki do smaku

Instrukcje:

Ząbek czosnku pokroić, uzyskując cienkie plasterki.

Pomidorki koktajlowe przekrój na 2 części. Cebulę obierz i pokrój w cienkie plasterki.

Na patelnię wlewamy trochę oliwy z pokrojonym czosnkiem i cebulą. Podgrzewaj wszystko na średnim ogniu przez 5 minut; mieszaj od czasu do czasu.

Gdy wszystko będzie już dobrze przyprawione, dodać pomidorki koktajlowe oraz szczyptę soli i pieprzu. Gotuj przez 15 minut. W międzyczasie postaw garnek z wodą na kuchence i jak tylko się zagotuje, dodaj sól i makaron.

Gdy sos będzie prawie gotowy, dodaj anchois i gotuj przez kilka minut. Delikatnie wymieszać.

Wyłącz ogień, posiekaj natkę pietruszki i wrzuć na patelnię.

Po ugotowaniu odcedź makaron i wymieszaj bezpośrednio z sosem. Ponownie włącz grzejnik na kilka sekund.

Odżywianie (na 100g): 446 kalorii 10 g tłuszczu 66,1 g węglowodanów 22,8 g białka 934 mg sodu

Orecchiette z brokułami i kiełbasą

Czas przygotowania: 10 minut

Czas gotowania: 32 minuty

Porcje: 4

Poziom trudności: średni

Składniki:

- 11,5 uncji Orecchiette
- 10,5 brokuła
- 10,5 uncji kiełbasy
- 1,35 fl. uncje (40 ml) białego wina
- 1 ząbek czosnku
- 2 gałązki tymianku
- 7 łyżek oliwy z oliwek extra vergine
- czarny pieprz do smaku
- sól kuchenna do smaku

Instrukcje:

Zagotuj patelnię z dużą ilością wody i soli. Usuń brokuły z łodygi i pokrój je na pół lub na 4 części, jeśli są bardzo duże; następnie włóż je do wrzącej wody, przykryj patelnię i gotuj przez 6-7 minut.

W międzyczasie drobno posiekaj tymianek i odłóż na bok. Wyjąć osłonkę kiełbasy i za pomocą widelca delikatnie zagnieść.

Podsmaż ząbek czosnku z odrobiną oleju i dodaj kiełbasę. Po kilku sekundach dodaj tymianek i odrobinę białego wina.

Nie wylewając wody z gotowania, wyjmujemy ugotowane brokuły łyżką cedzakową i stopniowo dodajemy do mięsa. Gotuj wszystko przez 3-4 minuty. Usuń czosnek i dodaj szczyptę czarnego pieprzu.

Doprowadź wodę, w której gotowałeś brokuły, do wrzenia, a następnie dodaj makaron i pozwól mu się ugotować. Po ugotowaniu makaronu odcedzamy go łyżką cedzakową, przenosząc bezpośrednio do brokułowego sosu kiełbasianego. Następnie dobrze wymieszaj, dodaj czarny pieprz i smaż wszystko na patelni przez kilka minut.

Odżywianie (na 100g): 683 kalorii 36 g tłuszczu 69,6 g węglowodanów 20 g białka 733 mg sodu

Risotto z Radicchio i Wędzonym Boczkiem

Czas przygotowania: 10 minut
Czas gotowania: 30 minut
Porcje: 3
Poziom trudności: średni

Składniki:

- 1 ½ szklanki ryżu
- 14 uncji Radicchio
- 5,3 uncji wędzonego boczku
- 34 strona oz (1l) bulionu warzywnego
- 3,4 fl. uncji (100 ml) czerwonego wina
- 7 łyżek oliwy z oliwek extra vergine
- 1,7 uncji szalotki
- sól kuchenna do smaku
- czarny pieprz do smaku
- 3 gałązki tymianku

Instrukcje:

Zacznijmy od przygotowania bulionu warzywnego.

Zacznij od radicchio: przekrój je na pół i usuń środkową część (białą część). Pokrój w paski, dobrze spłucz i odłóż na bok. Boczek wędzony również pokroić w paseczki.

Szalotkę drobno posiekać i wrzucić na patelnię z odrobiną oleju. Doprowadzić do wrzenia na średnim ogniu, dodając chochlę bulionu, następnie dodaj boczek i pozwól mu się zrumienić.

Po około 2 minutach dodać ryż i podsmażyć, ciągle mieszając. W tym momencie wlej czerwone wino na duży ogień.

Po odparowaniu całego alkoholu kontynuuj gotowanie, dodając bulion po jednej chochli na raz. Niech poprzedni wyschnie przed dodaniem kolejnego, aż będzie w pełni ugotowany. Dodaj sól i czarny pieprz (w zależności od tego, ile zdecydujesz się dodać).

Pod koniec gotowania dodaj paski radicchio. Dobrze wymieszaj, aż połączą się z ryżem, ale bez gotowania. Dodaj posiekany tymianek.

Odżywianie (na 100g): 482 kalorii 17,5 g tłuszczu 68,1 g węglowodanów 13 g białka 725 mg sodu

Makaron alla Genovese

Czas przygotowania: 10 minut

Czas gotowania: 25 minut

Porcje: 3

Poziom trudności: średni

Składniki:

- 11,5 uncji Ziti
- 1 kilogram mięsa
- 2,2 funta złotej cebuli
- 2 uncje selera
- 2 uncje marchwi
- 1 pęczek pietruszki
- 3,4 fl. oz (100 ml) białego wina
- Oliwa z oliwek extra virgin do smaku
- sól kuchenna do smaku
- czarny pieprz do smaku
- parmezan do smaku

Instrukcje:

Przygotowanie ciasta zacznij od:

Obierz i drobno posiekaj cebulę i marchewkę. Następnie umyj i drobno posiekaj seler (nie wyrzucaj liści, które również należy posiekać i odłożyć). Następnie przejdź do mięsa, zetrzyj nadmiar tłuszczu i pokrój na 5/6 dużych kawałków. Na koniec zwiąż liście selera i gałązkę pietruszki sznurkiem kuchennym, aby stworzyć pachnącą wiązkę.

Napełnij dużą patelnię dużą ilością oleju. Dodaj cebulę, seler i marchewkę (którą zarezerwowałeś wcześniej) i gotuj przez kilka minut.

Następnie dodać kawałki mięsa, szczyptę soli i pachnącą wiązkę. Wymieszaj i gotuj przez kilka minut. Następnie zmniejsz ogień i przykryj pokrywką.

Gotuj przez co najmniej 3 godziny (nie dodawaj wody ani bulionu, ponieważ cebula puści cały płyn, którego potrzebuje, aby dno patelni nie wyschło). Od czasu do czasu wszystko sprawdzamy i mieszamy.

Po 3 godzinach gotowania wyjąć pęczek ziół, nieco zwiększyć ogień, dodać część wina i wymieszać.

Gotuj mięso bez przykrycia przez około godzinę, ciągle mieszając i dodając wino, gdy dno patelni wyschnie.

W tym momencie weź kawałek mięsa, pokrój go w plastry na desce i odłóż na bok. Posiekaj ziti i ugotuj we wrzącej, osolonej wodzie.

Po ugotowaniu odcedź i włóż z powrotem do garnka. Dolewamy kilka łyżek wody z gotowania i mieszamy. Połóż na talerzu i dodaj odrobinę sosu oraz pokruszone mięso (to zarezerwowane w kroku 7). Dodać pieprz i starty parmezan do smaku.

Odżywianie (na 100g): 450 kalorii 8 g tłuszczu 80 g węglowodanów 14,5 g białka 816 mg sodu

Makaron z kalafiora z Neapolu

Czas przygotowania: 15 minut
Czas gotowania: 35 minut
Porcje: 3
Poziom trudności: średni

Składniki:

- 10,5 uncji ciasta
- 1 kalafior
- 3,4 fl. oz (100 ml) przecieru pomidorowego
- 1 ząbek czosnku
- 1 pieprz
- 3 łyżki oliwy z oliwek extra virgin (lub łyżeczki)
- sól dla smaku
- pieprz do smaku

Instrukcje:

Dobrze oczyść kalafiora: usuń zewnętrzne liście i łodygę. Pokrój go na małe różyczki.

Ząbek czosnku obrać, posiekać i zrumienić na patelni z oliwą i papryczką chilli.

Dodać przecier pomidorowy i różyczki kalafiora i smażyć przez kilka minut na średnim ogniu, zalać kilkoma chochlami wody i gotować przez 15-20 minut lub przynajmniej do momentu, aż kalafior zrobi się kremowy.

Jeśli zauważysz, że dno garnka jest zbyt suche, dodaj tyle wody, ile potrzeba, aby mieszanina pozostała płynna.

W tym momencie zalać kalafior gorącą wodą i gdy się zagotuje dodać makaron.

Dopraw solą i pieprzem.

Odżywianie (na 100g): 458 kalorii 18 g tłuszczu 65 g węglowodanów 9 g białka 746 mg sodu

Pasta e Fagioli z pomarańczą i koprem włoskim

Czas przygotowania: 10 minut
Czas gotowania: 30 minut
Porcje: 5
Poziom trudności: trudność

Składniki:

- Oliwa z oliwek z pierwszego tłoczenia - 1 łyżka. więcej dodatkowych do podania
- Pancetta - 2 uncje, drobno posiekane
- Cebula - 1, drobno posiekana
- Koper włoski - 1 cebula, odrzucić łodygi, przekroić na pół, wydrążyć gniazda nasienne i drobno posiekać
- Seler - 1 posiekane żebro
- Czosnek - 2 ząbki, posiekane
- Filety anchois - 3, umyte i posiekane
- posiekane świeże oregano - 1 łyżka.
- Skórka skórki pomarańczowej - 2 łyżeczki.
- Nasiona kopru włoskiego - ½ łyżeczki.
- płatki czerwonej papryki - ¼ łyżeczki.
- Pomidory pokrojone w kostkę - 1 puszka (28 uncji)
- Parmezan - 1 skórka plus więcej do serwowania
- Fasola Cannellini - 1 (7 uncji) puszki, wypłukane
- Rosół z kurczaka - 2 ½ szklanki

- Woda - 2 ½ szklanki
- Sól i pieprz
- Orzo - 1 szklanka
- Posiekana świeża pietruszka - ¼ szklanki

Instrukcje:

Rozgrzej olej w holenderskim piekarniku na średnim ogniu. Dodać pancettę. Smaż przez 3 do 5 minut lub do momentu, aż zacznie się rumienić. Dodaj seler, koper włoski i cebulę i smaż, aż zmiękną (około 5 do 7 minut).

Wymieszać z płatkami chili, nasionami kopru włoskiego, skórką pomarańczową, oregano, anchois i czosnkiem. Gotuj przez 1 minutę. Dodaj pomidory i ich sok. Dodaj skórkę parmezanu i fasolę.

Gotuj i gotuj przez 10 minut. Wymieszaj wodę, bulion i 1 łyżeczkę. sól. Doprowadzić do wrzenia na dużym ogniu. Dodajemy makaron i gotujemy al dente.

Zdjąć z ognia i wyrzucić skórkę parmezanu.

Dodać pietruszkę i doprawić solą i pieprzem do smaku. Polewamy odrobiną oliwy z oliwek i posypujemy startym parmezanem. Podawać.

Odżywianie (na 100g): 502 kalorii 8,8 g tłuszczu 72,2 g węglowodanów 34,9 g białka 693 mg sodu

spaghetti z cytryną

Czas przygotowania: 10 minut

Czas gotowania: 15 minut

Porcje: 6

Poziom trudności: łatwy

Składniki:

- Oliwa z oliwek extra virgin - ½ szklanki
- starta skórka z cytryny - 2 łyżeczki.
- Sok z cytryny - 1/3 szklanki
- Czosnek - 1 ząbek czosnku, posiekany
- Sól i pieprz
- Parmezan - 2 uncje, tarty
- Spaghetti - 1 funt
- posiekana świeża bazylia - 6 łyżek.

Instrukcje:

W misce wymieszaj czosnek, olej, skórkę z cytryny, sok i ½ łyżeczki. sól i ¼ łyżeczki. Pieprz. Dodać parmezan i mieszać do uzyskania kremowej konsystencji.

W międzyczasie ugotować makaron zgodnie z instrukcją na opakowaniu. Odcedź i zachowaj ½ szklanki wody z gotowania. Dodaj mieszankę oleju i bazylii do makaronu i dobrze wymieszaj. Dobrze przyprawić i w razie potrzeby dodać wodę z gotowania. Podawać.

Odżywianie (na 100g): 398 kalorii 20,7 g tłuszczu 42,5 g węglowodanów 11,9 g białka 844 mg sodu

Przyprawiony kuskus warzywny

Czas przygotowania: 10 minut
Czas gotowania: 20 minut
Porcje: 6
Stopień trudności: trudny

Składniki:

- Kalafior - 1 główka, pokrojona na 1-calowe różyczki
- Oliwa z oliwek z pierwszego tłoczenia - 6 łyżek. więcej dodatkowych do podania
- Sól i pieprz
- Kuskus - 1 ½ szklanki
- Cukinia - 1, pokrojona w ½ cala kawałki
- Czerwona papryka - 1 łodyga, pozbawiona nasion i pokrojona na ½-calowe kawałki
- Czosnek - 4 ząbki, posiekane
- Ras el hanout - 2 łyżeczki
- starta skórka z cytryny -1 łyżeczka. plus plasterki cytryny do podania
- Rosół z kurczaka - 1 ¾ szklanki
- Posiekany świeży majeranek - 1 łyżka.

Instrukcje:

Na patelni rozgrzej 2 łyżki. olej na średnim ogniu. Dodaj kalafiory, ¾ łyżeczki. sól i ½ łyżeczki. Pieprz. Mieszać. Gotuj, aż różyczki będą brązowe, a brzegi będą przezroczyste.

Zdejmij pokrywkę i gotuj, mieszając, przez 10 minut lub do momentu, aż różyczki będą złocistobrązowe. Przełożyć do miski i oczyścić patelnię. Podgrzej 2 łyżki. olej na patelni.

Dodaj kuskus. Gotuj i kontynuuj mieszanie przez 3 do 5 minut lub do momentu, gdy fasola zacznie się brązowieć. Przełożyć do miski i oczyścić patelnię. Podgrzej pozostałe 3 łyżki. olej na patelni i dodaj paprykę, cukinię i ½ łyżeczki. sól. Gotuj przez 8 minut.

Dodaj skórkę z cytryny, ras el hanout i czosnek. Gotuj, aż zacznie pachnieć (około 30 sekund). Włożyć do bulionu i gotować. Dodaj kuskus. Zdjąć z ognia i odstawić do miękkości.

Dodaj majeranek i kalafior; następnie delikatnie spulchnij widelcem, aby je połączyć. Skrop dodatkową oliwą i dobrze dopraw. Podawać z kawałkami cytryny.

Odżywianie (na 100g): 787 kalorii 18,3 g tłuszczu 129,6 g węglowodanów 24,5 g białka 699 mg sodu

Pieczony Ryż Doprawiony Koperem

Czas przygotowania: 10 minut

Czas gotowania: 45 minut

Porcje: 8

Poziom trudności: średni

Składniki:

- Słodkie ziemniaki - 1 ½ funta, obrane i pokrojone na 1-calowe kawałki
- Oliwa z oliwek Extra Virgin - ¼ szklanki
- Sól i pieprz
- Koper włoski - 1 cebula, drobno posiekana
- Mała cebula - 1, drobno posiekana
- Biały ryż długoziarnisty - 1 ½ szklanki, opłukany
- Czosnek - 4 ząbki, posiekane
- Ras el hanout - 2 łyżeczki
- Rosół z kurczaka - 2 ¾ szklanki
- Peklowane zielone oliwki bez pestek - ¾ szklanki, przekrojone na pół
- Posiekana świeża kolendra - 2 łyżki.
- plastry cytryny

Instrukcje:

Ustaw stojak piekarnika na środku i rozgrzej piekarnik do 400 F. Ziemniaki wymieszać z ½ łyżeczki. sól i 2 łyżki. olej.

Umieść ziemniaki w jednej warstwie na blasze do pieczenia z obrzeżami i piecz przez 25 do 30 minut lub do miękkości. W połowie pieczenia ziemniaki zamieszaj.

Usuń ziemniaki i obniż temperaturę piekarnika do 350 F. W holenderskim piekarniku podgrzej pozostałe 2 łyżki. olej na średnim ogniu.

Dodaj cebulę i koper włoski; następnie gotuj przez 5 do 7 minut lub do miękkości. Wmieszaj ras el hanout, czosnek i ryż. Smażyć przez 3 minuty.

Dodać oliwki i bulion i odstawić na 10 minut. Dodać ziemniaki do ryżu i delikatnie wymieszać widelcem. Doprawiamy solą i pieprzem do smaku. Udekoruj kolendrą i podawaj z kawałkami cytryny.

Odżywianie (na 100g): 207 kalorii 8,9 g tłuszczu 29,4 g węglowodanów 3,9 g białka 711 mg sodu

Marokański kuskus z ciecierzycą

Czas przygotowania: 5 minut

Czas gotowania: 18 minut

Porcje: 6

Poziom trudności: średni

Składniki:

- Oliwa z oliwek Extra Virgin - ¼ szklanki, dodatkowo do podania
- Kuskus - 1 ½ szklanki
- Cienkie marchewki, obrane i pokrojone - 2
- drobno posiekana cebula - 1
- Sól i pieprz
- Czosnek - 3 ząbki, posiekane
- Mielona kolendra - 1 łyżeczka.
- Imbir w proszku - łyżeczka.
- Nasiona anyżu mielonego - ¼ łyżeczki.
- Rosół z kurczaka - 1 ¾ szklanki
- Ciecierzyca - 1 puszka (15 uncji), opłukana
- Mrożony groszek - 1 ½ szklanki
- Posiekana świeża pietruszka lub kolendra - ½ szklanki
- plastry cytryny

Instrukcje:

Podgrzej 2 łyżki. olej na patelni na średnim ogniu. Wmieszaj kuskus i gotuj przez 3 do 5 minut lub do momentu, gdy zacznie się rumienić. Przełożyć do miski i oczyścić patelnię.

Podgrzej pozostałe 2 łyżki. olej na patelni i dodać cebulę, marchewkę i 1 łyżeczkę. sól. Gotuj przez 5 do 7 minut. Dodaj anyż, imbir, kolendrę i czosnek. Gotuj, aż zacznie pachnieć (około 30 sekund).

Połącz ciecierzycę i bulion i zagotuj. Wymieszaj z kuskusem i groszkiem. Przykryj i zdejmij z ognia. Zarezerwuj, aż kuskus będzie miękki.

Dodaj natkę pietruszki do kuskusu i wymieszaj widelcem. Skrop odrobiną oliwy i dobrze dopraw. Podawać z kawałkami cytryny.

Odżywianie (na 100g): 649 kalorii 14,2 g tłuszczu 102,8 g węglowodanów 30,1 g białka 812 mg sodu

Paella wegetariańska z fasolką szparagową i ciecierzycą

Czas przygotowania: 10 minut

Czas gotowania: 35 minut

Porcje: 4

Poziom trudności: łatwy

Składniki:

- szczypta szafranu
- Bulion warzywny - 3 szklanki
- Oliwa z oliwek - 1 łyżka.
- Żółta cebula - 1 duża, pokrojona w kostkę
- Czosnek - 4 ząbki, pokrojone w plasterki
- Czerwona papryka - 1, pokrojona w plasterki
- Posiekane pomidory - ¾ szklanki, świeże lub z puszki
- Pasta pomidorowa - 2 łyżki.
- Ostra papryczka chili - 1 ½ łyżeczki.
- Sól - 1 łyżeczka.
- Świeżo zmielony czarny pieprz - ½ łyżeczki.
- Fasola szparagowa - 1 ½ szklanki, pokrojona w plasterki i połówki
- Ciecierzyca - 1 puszka (15 uncji), odsączona i opłukana
- Biały ryż krótkoziarnisty - 1 szklanka
- Cytryna - 1, pokrojona w plasterki

Instrukcje:

Wymieszaj nitki szafranu z 3 łyżkami. ciepła woda w małej misce. Na patelni zagotuj wodę na średnim ogniu. Zmniejszyć ogień i doprowadzić do wrzenia.

Rozgrzej olej na patelni na średnim ogniu. Dodaj cebulę i smaż przez 5 minut. Dodać paprykę i czosnek i smażyć mieszając przez 7 minut lub do momentu, aż papryka zmięknie. Dodać mieszaninę kurkumy i wody, sól, pieprz, paprykę, koncentrat pomidorowy i pomidory.

Dodaj ryż, ciecierzycę i zieloną fasolkę. Dodać gorący bulion i doprowadzić do wrzenia. Zmniejsz ogień i gotuj bez przykrycia przez 20 minut.

Podawać gorące, udekorowane plasterkami cytryny.

Odżywianie (na 100g): 709 kalorii 12 g tłuszczu 121 g węglowodanów 33 g białka 633 mg sodu

Krewetki Czosnkowe Z Pomidorami I Bazylią

Czas przygotowania: 10 minut
Czas gotowania: 10 minut
Porcje: 4
Poziom trudności: łatwy

Składniki:

- Oliwa z oliwek - 2 łyżki.
- Krewetki - 1 ¼ funta, obrane i pozbawione nasion
- Czosnek - 3 ząbki, posiekane
- płatki czerwonej papryki - 1/8 łyżeczki.
- Białe wytrawne wino - ¾ szklanki
- Pomidory winogronowe - 1 ½ szklanki
- Drobno posiekana świeża bazylia - ¼ szklanki, plus więcej do dekoracji
- Sól - ¾ łyżeczki.
- Zmielony czarny pieprz - ½ łyżeczki.

Instrukcje:

Na patelni rozgrzej olej na średnim ogniu. Dodaj krewetki i gotuj przez 1 minutę lub do momentu ugotowania. Przełożyć na talerz.

Umieść płatki czerwonej papryki i czosnek w oleju na patelni i smaż, mieszając, przez 30 sekund. Dodaj wino i gotuj, aż zredukuje się o połowę.

Dodać pomidory i smażyć mieszając, aż pomidory zaczną się rozpadać (około 3 do 4 minut). Dodaj zarezerwowane krewetki, sól, pieprz i bazylię. Gotuj przez kolejne 1 do 2 minut.

Podawać udekorowane pozostałą bazylią.

Odżywianie (na 100g): 282 kalorii 10 g tłuszczu 7 g węglowodanów 33 g białka 593 mg sodu

paella z krewetkami

Czas przygotowania: 10 minut

Czas gotowania: 25 minut

Porcje: 4

Poziom trudności: średni

Składniki:

- Oliwa z oliwek - 2 łyżki.
- Średnia cebula - 1, pokrojona w kostkę
- Czerwona papryka - 1, pokrojona w plasterki
- Czosnek - 3 ząbki, posiekane
- szczypta szafranu
- Ostra papryczka chili - ¼ łyżeczki.
- Sól - 1 łyżeczka.
- Świeżo zmielony czarny pieprz - ½ łyżeczki.
- Rosół z kurczaka - 3 filiżanki, podzielone
- Biały ryż krótkoziarnisty - 1 szklanka
- Duże krewetki, obrane i zeskrobane - 1 funt
- Mrożony groszek - 1 szklanka, rozmrożony

Instrukcje:

Rozgrzej olej na patelni. Dodaj cebulę i paprykę i smaż przez 6 minut lub do miękkości. Dodaj sól, pieprz, paprykę, kurkumę i czosnek i wymieszaj. Wymieszaj 2 ½ szklanki bulionu i ryżu.

Doprowadzić mieszaninę do wrzenia i gotować, aż ryż się ugotuje, około 12 minut. Umieść krewetki i groszek na ryżu i dodaj pozostałe ½ szklanki bulionu.

Przykryj patelnię i gotuj, aż wszystkie krewetki będą gotowe (około 5 minut). Podawać.

Odżywianie (na 100g): 409 kalorii 10 g tłuszczu 51 g węglowodanów 25 g białka 693 mg sodu

Sałatka z soczewicy z oliwkami, miętą i serem feta

Czas przygotowania: 60 minut
Czas gotowania: 60 minut
Porcje: 6
Poziom trudności: średni

Składniki:

- Sól i pieprz
- Francuska soczewica - 1 szklanka, posortowana i opłukana
- Czosnek - 5 ząbków, lekko rozgniecionych i obranych
- Liść laurowy - 1
- Oliwa z oliwek z pierwszego tłoczenia - 5 łyżek.
- Ocet z białego wina - 3 łyżki.
- Oliwki Kalamata bez pestek - ½ szklanki, posiekane
- Posiekana świeża mięta - ½ szklanki
- Szalotka - 1 duża, posiekana
- Ser feta - 1 uncja, pokruszony

Instrukcje:

Dodaj 4 szklanki ciepłej wody i 1 łyżeczkę. sól w misce. Dodać soczewicę i moczyć w temperaturze pokojowej przez 1 godzinę. Wysusz dobrze.

Umieść stojak piekarnika na środku i rozgrzej piekarnik do 325F. Połącz soczewicę, 4 szklanki wody, czosnek, liść laurowy i ½ łyżeczki. sól na patelni. Przykryj i umieść patelnię w piekarniku i piecz przez 40 do 60 minut lub do momentu, aż soczewica zmięknie.

Dobrze odsącz soczewicę, pozbywając się czosnku i liścia laurowego. W dużej misce wymieszaj olej i ocet. Dodaj szalotki, miętę, oliwki i soczewicę i dobrze wymieszaj.

Doprawiamy solą i pieprzem do smaku. Ułóż dobrze na talerzu i udekoruj serem feta. Podawać.

Odżywianie (na 100g): 249 kalorii 14,3 g tłuszczu 22,1 g węglowodanów 9,5 g białka 885 mg sodu

Ciecierzyca Z Czosnkiem I Pietruszką

Czas przygotowania: 5 minut

Czas gotowania: 20 minut

Porcje: 6

Poziom trudności: średni

Składniki:

- Oliwa z oliwek Extra Virgin - ¼ szklanki
- Czosnek - 4 ząbki, cienko pokrojone
- płatki czerwonej papryki - 1/8 łyżeczki.
- Cebula - 1, posiekana
- Sól i pieprz
- Ciecierzyca - 2 puszki (15 uncji), opłukane
- Rosół z kurczaka - 1 szklanka
- posiekana świeża pietruszka - 2 łyżki.
- Sok z cytryny - 2 łyżeczki.

Instrukcje:

Na patelni dodaj 3 łyżki. oliwę z oliwek i smaż płatki czosnku i chili przez 3 minuty. Wymieszaj cebulę i ¼ łyżeczki. sól i gotuj przez 5-7 minut.

Wmieszaj ciecierzycę i bulion i zagotuj. Zmniejsz ogień i gotuj na małym ogniu przez 7 minut pod przykryciem.

Odkryć i ustawić ciepło na wysokie i gotować przez 3 minuty lub do momentu odparowania całego płynu. Zarezerwuj i wymieszaj z sokiem z cytryny i pietruszką.

Doprawiamy solą i pieprzem do smaku. Skropić 1 łyżką. oliwę z oliwek i podawaj.

Odżywianie (na 100g): 611 kalorii 17,6 g tłuszczu 89,5 g węglowodanów 28,7 g białka 789 mg sodu

Duszona Ciecierzyca Z Bakłażanem I Pomidorem

Czas przygotowania: 10 minut
Czas gotowania: 60 minut
Porcje: 6
Poziom trudności: łatwy

Składniki:

- Oliwa z oliwek Extra Virgin - ¼ szklanki
- Cebula - 2, posiekana
- Zielona papryka - 1, drobno posiekana
- Sól i pieprz
- Czosnek - 3 ząbki, posiekane
- posiekane świeże oregano - 1 łyżka.
- Liście laurowe - 2
- Bakłażan - 1 funt, pokrojony na 1-calowe kawałki
- Pomidory całe obrane - 1 puszka, odsączone z soku, posiekane
- Ciecierzyca - 2 puszki (15 uncji), odsączone z 1 szklanką zarezerwowanego płynu

Instrukcje:

Ustaw stojak piekarnika na dole pośrodku i rozgrzej piekarnik do 400 F. Rozgrzej olej w holenderskim piekarniku. Dodaj paprykę, cebulę i ½ łyżeczki. sól i ¼ łyżeczki. Pieprz. Smażyć przez 5 minut.

Dodaj 1 łyżeczkę. oregano, czosnek i liście laurowe i gotuj przez 30 sekund. Dodaj pomidory, bakłażana, sok z soku, ciecierzycę i płyn z soku i zagotuj. Przenieś patelnię do piekarnika i gotuj bez przykrycia przez 45 do 60 minut. Mieszanie dwa razy.

Odrzuć liście laurowe. Wmieszaj pozostałe 2 łyżeczki. oregano i doprawić solą i pieprzem. Podawać.

Odżywianie (na 100g): 642 kalorii 17,3 g tłuszczu 93,8 g węglowodanów 29,3 g białka 983 mg sodu

Grecki ryż z cytryną

Czas przygotowania: 20 minut

Czas gotowania: 45 minut

Porcje: 6

Poziom trudności: średni

Składniki:

- Ryż długoziarnisty – 2 szklanki, niegotowany (namoczony w zimnej wodzie przez 20 minut, następnie odsączony)
- Oliwa z oliwek z pierwszego tłoczenia - 3 łyżki.
- Żółta cebula - 1 średnia, posiekana
- Czosnek - 1 ząbek, posiekany
- Makaron Orzo - ½ szklanki
- Sok z 2 cytryn plus skórka z 1 cytryny
- Bulion o niskiej zawartości sodu - 2 szklanki
- szczypta soli
- Posiekana natka pietruszki - 1 duża garść
- Chwast koperkowy - 1 łyżeczka.

Instrukcje:

Na patelni podgrzej 3 łyżki. Oliwa z oliwek z pierwszego tłoczenia. Dodaj cebulę i smaż przez 3 do 4 minut. Dodać makaron orzo i czosnek i wymieszać.

Następnie wymieszaj ryż, aby się pokrył. Dodaj bulion i sok z cytryny. Pozwól mu się zagotować i zmniejsz ciepło. Przykryj i gotuj przez około 20 minut.

Zdjąć z ognia. Przykryć i odstawić na 10 minut. Odkryj i wymieszaj skórkę z cytryny, koperek i pietruszkę. Podawać.

Odżywianie (na 100g): 145 kalorii 6,9 g tłuszczu 18,3 g węglowodanów 3,3 g białka 893 mg sodu

Ryż z czosnkiem i ziołami

Czas przygotowania: 10 minut

Czas gotowania: 30 minut

Porcje: 4

Poziom trudności: łatwy

Składniki:

- Oliwa z oliwek Extra Virgin - ½ szklanki, podzielona
- Duże ząbki czosnku - 5, mielone
- brązowy ryż jaśminowy - 2 szklanki
- Woda - 4 szklanki
- Sól morska - 1 łyżeczka.
- Czarny pieprz - 1 łyżeczka.
- Posiekany świeży szczypiorek - 3 łyżki.
- posiekana świeża pietruszka - 2 łyżki.
- Posiekana świeża bazylia - 1 łyżka.

Instrukcje:

Na patelni dodaj ¼ szklanki oliwy z oliwek, czosnek i ryż. Mieszaj i podgrzewaj na średnim ogniu. Dodaj wodę, sól morską i czarny pieprz. Następnie ponownie wymieszaj.

Pozwól mu się zagotować i zmniejsz ciepło. Dusić bez przykrycia, od czasu do czasu mieszając.

Gdy woda jest prawie wchłonięta, wymieszaj pozostałe ¼ szklanki oliwy z oliwek z bazylią, pietruszką i szczypiorkiem.

Mieszaj, aż zioła się połączą i wchłonie cała woda.

Odżywianie (na 100g): 304 kalorii 25,8 g tłuszczu 19,3 g węglowodanów 2 g białka 874 mg sodu

Śródziemnomorska sałatka z ryżem

Czas przygotowania: 10 minut

Czas gotowania: 25 minut

Porcje: 4

Poziom trudności: średni

Składniki:

- Oliwa z oliwek extra virgin - ½ szklanki, podzielona
- Brązowy ryż długoziarnisty - 1 szklanka
- Woda - 2 szklanki
- Świeży sok z cytryny - ¼ szklanki
- ząbek czosnku - 1, posiekany
- Posiekany świeży rozmaryn - 1 łyżeczka.
- Posiekana świeża mięta - 1 łyżeczka.
- Endywia belgijska - 3, posiekane
- Czerwona papryka - 1 średnia, posiekana
- Ogórek szklarniowy - 1, posiekany
- Posiekana cała zielona cebula - ½ szklanki
- Posiekane oliwki Kalamata - ½ szklanki
- płatki czerwonej papryki - ¼ łyżeczki.
- Pokruszony ser feta - ¾ szklanki
- Sól morska i czarny pieprz

Instrukcje:

Podgrzej ¼ szklanki oliwy z oliwek, ryż i szczyptę soli na patelni na małym ogniu. Mieszaj, aby pokrył ryż. Dodaj wodę i gotuj, aż woda się wchłonie. Mieszając od czasu do czasu. Wsyp ryż do dużej miski i pozostaw do ostygnięcia.

W innej misce połącz pozostałe ¼ szklanki oliwy z oliwek, płatki czerwonej papryki, oliwki, dymkę, ogórek, paprykę, cykorię, miętę, rozmaryn, czosnek i sok z cytryny.

Umieść ryż w mieszance i dobrze wymieszaj. Delikatnie wymieszaj z serem feta.

Posmakuj i dopraw do smaku. Podawać.

Odżywianie (na 100g): 415 kalorii 34 g tłuszczu 28,3 g węglowodanów 7 g białka 4755 mg sodu

Sałatka ze świeżej fasoli i tuńczyka

Czas przygotowania: 5 minut

Czas gotowania: 20 minut

Porcje: 6

Poziom trudności: łatwy

Składniki:

- Świeża fasola w skorupkach (bez skorupek) - 2 szklanki
- Liście laurowe - 2
- Oliwa z oliwek z pierwszego tłoczenia - 3 łyżki.
- Ocet z czerwonego wina - 1 łyżka.
- sól i czarny pieprz
- Najlepsza jakość tuńczyka - 1 puszka (6 uncji), zapakowana w oliwę z oliwek
- Solone kapary - 1 łyżka. mokra i sucha
- drobno posiekana natka pietruszki - 2 łyżki.
- Czerwona cebula - 1, pokrojona

Instrukcje:

W garnku zagotować lekko osoloną wodę. Dodaj fasolę i liście laurowe; następnie gotuj przez 15 do 20 minut lub do momentu, aż fasola będzie miękka, ale nadal jędrna. Odcedź, pozbądź się aromatów i przełóż do miski.

Natychmiast dopraw fasolę octem i olejem. Dodaj sól i czarny pieprz. Dobrze wymieszaj i dostosuj przyprawy. Odcedź tuńczyka i rozłóż miazgę z tuńczyka na sałatce z fasoli. Dodaj pietruszkę i kapary. Mieszamy i układamy na wierzchu plastry czerwonej cebuli. Podawać.

Odżywianie (na 100g): 85 kalorii 7,1 g tłuszczu 4,7 g węglowodanów 1,8 g białka 863 mg sodu

Pyszny Makaron Z Kurczaka

Czas przygotowania: 10 minut

Czas gotowania: 17 minut

Porcje: 4

Poziom trudności: łatwy

Składniki:

- 3 piersi z kurczaka bez skóry i kości, pokrojone na kawałki
- 9 uncji pełnoziarnistego makaronu
- 1/2 szklanki oliwek, pokrojonych w plasterki
- 1/2 szklanki suszonych pomidorów
- 1 łyżka pieczonej czerwonej papryki, posiekanej
- 14 uncji pokrojonych w kostkę pomidorów
- 2 szklanki sosu marinara
- 1 szklanka bulionu z kurczaka
- Pieprz
- sól

Instrukcje:

Połącz wszystkie składniki, z wyjątkiem makaronu pełnoziarnistego, w Instant Pot.

Zamknij pokrywkę i gotuj na dużym ogniu przez 12 minut.

Po zakończeniu pozwól, aby ciśnienie zwolniło naturalnie. Zdejmij nasadkę.

Dodać makaron i dobrze wymieszać. Ponownie zamknij garnek, wybierz tryb ręczny i ustaw minutnik na 5 minut.

Po zakończeniu zwolnij ciśnienie na 5 minut, a następnie zwolnij resztę za pomocą szybkozłącza. Zdejmij nasadkę. Dobrze wymieszaj i podawaj.

Odżywianie (na 100g): 615 kalorii 15,4 g tłuszczu 71 g węglowodanów 48 g białka 631 mg sodu

Smaki Taco Miska Ryżu

Czas przygotowania: 10 minut

Czas gotowania: 14 minut

Porcje: 8

Poziom trudności: średni

Składniki:

- 1 kilogram mielonej wołowiny
- 8 uncji rozdrobnionego sera cheddar
- 14 uncji czerwonej fasoli
- 2 uncje przyprawy do taco
- 16 uncji sosu
- 2 szklanki wody
- 2 szklanki brązowego ryżu
- Pieprz
- sól

Instrukcje:

Ustaw garnek błyskawiczny na tryb smażenia.

Dodaj mięso na patelnię i smaż, aż się zrumieni.

Dodaj wodę, fasolę, ryż, przyprawę do taco, pieprz i sól i dobrze wymieszaj.

Polać sosem. Zamknij pokrywkę i gotuj na dużym ogniu przez 14 minut.

Gdy to zrobisz, zwolnij ciśnienie za pomocą szybkozamykacza. Zdejmij nasadkę.

Dodać ser cheddar i mieszać, aż ser się rozpuści.

Podawaj i ciesz się.

Odżywianie (na 100g): 464 kalorii 15,3 g tłuszczu 48,9 g węglowodanów 32,2 g białka 612 mg sodu

Makaron i Ser Smaczne

Czas przygotowania: 10 minut

Czas gotowania: 10 minut

Porcje: 6

Poziom trudności: łatwy

Składniki:

- 16 uncji pełnoziarnistego makaronu łokciowego
- 4 szklanki wody
- 1 szklanka pomidorów z puszki, posiekanych
- 1 łyżeczka mielonego czosnku
- 2 łyżki oliwy z oliwek
- 1/4 szklanki posiekanej zielonej cebuli
- 1/2 szklanki tartego parmezanu
- 1/2 szklanki sera mozzarella, startego
- 1 szklanka rozdrobnionego sera cheddar
- 1/4 szklanki passaty
- 1 szklanka niesłodzonego mleka migdałowego
- 1 szklanka marynowanych karczochów, pokrojonych w kostkę
- 1/2 szklanki suszonych pomidorów, pokrojonych w plasterki
- 1/2 szklanki oliwek, pokrojonych w plasterki
- 1 łyżeczka soli

Instrukcje:

Dodaj makaron, wodę, pomidory, czosnek, olej i sól do garnka błyskawicznego i dobrze wymieszaj. Przykryj pokrywką i gotuj na dużym ogniu.

Gdy to zrobisz, zwolnij ciśnienie na kilka minut, a następnie zwolnij resztę za pomocą szybkiego spłukiwania. Zdejmij nasadkę.

Ustaw patelnię w trybie smażenia. Dodaj zieloną cebulę, parmezan, ser mozzarella, ser cheddar, passatę, mleko migdałowe, karczoch, suszone pomidory i oliwę. Dobrze wymieszaj.

Dobrze wymieszaj i gotuj, aż ser się rozpuści.

Podawaj i ciesz się.

Odżywianie (na 100g): 519 kalorii 17,1 g tłuszczu 66,5 g węglowodanów 25 g białka 588 mg sodu

Ryż Z Ogórkiem I Oliwkami

Czas przygotowania: 10 minut

Czas gotowania: 10 minut

Porcje: 8

Poziom trudności: średni

Składniki:

- 2 szklanki ryżu, opłukanego
- 1/2 szklanki oliwek bez pestek
- 1 szklanka pokrojonego ogórka
- 1 łyżka octu z czerwonego wina
- 1 łyżeczka startej skórki z cytryny
- 1 łyżka świeżego soku z cytryny
- 2 łyżki oliwy z oliwek
- 2 szklanki bulionu warzywnego
- 1/2 łyżeczki suszonego oregano
- 1 posiekana czerwona papryka
- 1/2 szklanki posiekanej cebuli
- 1 łyżka oliwy z oliwek
- Pieprz
- sól

Instrukcje:

Dodaj olej do wewnętrznego garnka Instant Pot i ustaw garnek na tryb smażenia. Dodaj cebulę i smaż przez 3 minuty. Dodaj paprykę i oregano i smaż przez 1 minutę.

Dodaj ryż i bulion i dobrze wymieszaj. Zamknij pokrywkę i gotuj na dużym ogniu przez 6 minut. Po wykonaniu tej czynności pozwól, aby ciśnienie spadło przez 10 minut, a następnie zwolnij resztę za pomocą szybkozłącza. Zdejmij nasadkę.

Dodaj pozostałe składniki i dobrze wymieszaj, aby się połączyły. Podawaj natychmiast i ciesz się.

Odżywianie (na 100g): 229 kalorii 5,1 g tłuszczu 40,2 g węglowodanów 4,9 g białka 210 mg sodu

Ziołowe Smaki Risotto

Czas przygotowania: 10 minut
Czas gotowania: 15 minut
Porcje: 4
Poziom trudności: średni

Składniki:

- 2 szklanki ryżu
- 2 łyżki tartego parmezanu
- 3,5 uncji kwaśnej śmietany
- 1 łyżka świeżego oregano, posiekanego
- 1 łyżka świeżej bazylii, posiekanej
- 1/2 łyżki szałwii, posiekanej
- 1 posiekana cebula
- 2 łyżki oliwy z oliwek
- 1 łyżeczka mielonego czosnku
- 4 szklanki bulionu warzywnego
- Pieprz
- sól

Instrukcje:

Dodaj olej do wewnętrznego garnka Instant Pot i przełącz garnek w tryb smażenia. Dodaj czosnek i cebulę do wewnętrznego garnka Instant Pot i naciśnij patelnię, aby podsmażyć. Dodaj czosnek i cebulę i smaż przez 2-3 minuty.

Dodaj pozostałe składniki oprócz parmezanu i śmietany i dobrze wymieszaj. Zamknij pokrywkę i gotuj na dużym ogniu przez 12 minut.

Gdy to zrobisz, zwolnij ciśnienie na 10 minut, a następnie zwolnij resztę za pomocą szybkozłącza. Zdejmij nasadkę. Wymieszaj ze śmietaną i serem i podawaj.

Odżywianie (na 100g): 514 kalorii 17,6 g tłuszczu 79,4 g węglowodanów 8,8 g białka 488 mg sodu

pyszny wiosenny makaron

Czas przygotowania: 10 minut

Czas gotowania: 4 minuty

Porcje: 4

Poziom trudności: łatwy

Składniki:

- 8 uncji pełnoziarnistego makaronu penne
- 1 łyżka świeżego soku z cytryny
- 2 łyżki świeżej pietruszki, posiekanej
- 1/4 szklanki posiekanych migdałów
- 1/4 szklanki tartego parmezanu
- 14 uncji pokrojonych w kostkę pomidorów
- 1/2 szklanki śliwek
- 1/2 szklanki posiekanej cukinii
- 1/2 szklanki szparagów
- 1/2 szklanki posiekanej marchewki
- 1/2 szklanki posiekanych brokułów
- 1 3/4 szklanki bulionu warzywnego
- Pieprz
- sól

Instrukcje:

Dodaj bulion, paprykę, pomidory, suszone śliwki, cukinię, szparagi, marchewkę i brokuły do garnka błyskawicznego i dobrze wymieszaj. Zamknij i gotuj na dużym ogniu przez 4 minuty. Gdy to zrobisz, zwolnij ciśnienie za pomocą szybkozamykacza. Zdejmij nasadkę. Pozostałe składniki dokładnie wymieszaj i podawaj.

Odżywianie (na 100g): 303 kalorii 2,6 g tłuszczu 63,5 g węglowodanów 12,8 g białka 918 mg sodu

Makaron z Pieczonej Papryki

Czas przygotowania: 10 minut

Czas gotowania: 13 minut

Porcje: 6

Poziom trudności: średni

Składniki:

- 1 funt pełnoziarnistego makaronu penne
- 1 łyżka włoskiej przyprawy
- 4 szklanki bulionu warzywnego
- 1 łyżka posiekanego czosnku
- 1/2 posiekanej cebuli
- Pieczona czerwona papryka w słoiku 14 uncji
- 1 szklanka sera feta, pokruszonego
- 1 łyżka oliwy z oliwek
- Pieprz
- sól

Instrukcje:

Dodaj pieczoną paprykę do blendera i zmiksuj na gładką masę. Dodaj olej do wewnętrznego pojemnika garnka błyskawicznego i ustaw słoik w trybie smażenia. Dodaj czosnek i cebulę do wewnętrznego kubka garnka błyskawicznego i pozwól mu się ugotować. Dodaj czosnek i cebulę i smaż przez 2-3 minuty.

Dodaj pieczoną paprykę i smaż przez 2 minuty.

Dodaj pozostałe składniki oprócz sera feta i dobrze wymieszaj. Dobrze zamknij i gotuj na dużym ogniu przez 8 minut. Po zakończeniu naturalnie zwolnij nacisk na 5 minut, a następnie zwolnij resztę za pomocą szybkozłącza. Zdejmij nasadkę. Posyp serem feta i podawaj.

Odżywianie (na 100g): 459 kalorii 10,6 g tłuszczu 68,1 g węglowodanów 21,3 g białka 724 mg sodu

Ser Z Basilem I Pomidorowym Ryżem

Czas przygotowania: 10 minut

Czas gotowania: 26 minut

Porcje: 8

Poziom trudności: średni

Składniki:

- 1 1/2 szklanki brązowego ryżu
- 1 szklanka tartego parmezanu
- 1/4 szklanki posiekanej świeżej bazylii
- 2 szklanki pomidorów winogronowych, przekrojonych na pół
- 8 uncji puszka sosu pomidorowego
- 1 3/4 szklanki bulionu warzywnego
- 1 łyżka posiekanego czosnku
- 1/2 szklanki posiekanej cebuli
- 1 łyżka oliwy z oliwek
- Pieprz
- sól

Instrukcje:

Dodaj olej do wewnętrznej miski garnka błyskawicznego i wybierz patelnię do smażenia. Umieść czosnek i cebulę w wewnętrznym garnku garnka błyskawicznego i pozwól im się podsmażyć. Wymieszaj czosnek i cebulę i smaż przez 4 minuty. Dodaj ryż, sos pomidorowy, bulion, pieprz i sól i dobrze wymieszaj.

Zamknąć i gotować na dużym ogniu przez 22 minuty.

Gdy to zrobisz, pozwól mu zwolnić nacisk na 10 minut, a następnie zwolnij resztę za pomocą szybkozłącza. Zdejmij nasadkę. Dodać pozostałe składniki i wymieszać. Podawaj i ciesz się.

Odżywianie (na 100g): 208 kalorii 5,6 g tłuszczu 32,1 g węglowodanów 8,3 g białka 863 mg sodu

mak i ser

Czas przygotowania: 10 minut

Czas gotowania: 4 minuty

Porcje: 8

Poziom trudności: łatwy

Składniki:

- 1 funt pełnoziarnistego makaronu
- 1/2 szklanki tartego parmezanu
- 4 szklanki startego sera cheddar
- 1 szklanka mleka
- 1/4 łyżeczki czosnku w proszku
- 1/2 łyżeczki mielonej musztardy
- 2 łyżki oliwy z oliwek
- 4 szklanki wody
- Pieprz
- sól

Instrukcje:

Dodaj makaron, czosnek w proszku, musztardę, olej, wodę, pieprz i sól do Instant Pot. Dobrze zamknij i gotuj na dużym ogniu przez 4 minuty. Po zakończeniu zwolnij ciśnienie za pomocą szybkozamykacza. Otwórz pokrywę. Dodaj pozostałe składniki, dobrze wymieszaj i podawaj.

Odżywianie (na 100g): 509 kalorii 25,7 g tłuszczu 43,8 g węglowodanów 27,3 g białka 766 mg sodu

makaron z tuńczykiem

Czas przygotowania: 10 minut

Czas gotowania: 8 minut

Porcje: 6

Poziom trudności: średni

Składniki:

- 10 uncji tuńczyka, odsączonego
- 15 uncji pełnoziarnistego makaronu rotini
- 4 uncje sera mozzarella, pokrojonego w kostkę
- 1/2 szklanki tartego parmezanu
- 1 łyżeczka suszonej bazylii
- 14 uncji puszka pomidora
- 4 szklanki bulionu warzywnego
- 1 łyżka posiekanego czosnku
- 8 uncji grzybów, pokrojonych w plasterki
- 2 pokrojone cukinie
- 1 posiekana cebula
- 2 łyżki oliwy z oliwek
- Pieprz
- sól

Instrukcje:

Wlej olej do wewnętrznego garnka Instant Pot i naciśnij garnek, aby podsmażyć. Dodaj pieczarki, cukinię i cebulę i smaż, aż cebula zmięknie. Dodaj czosnek i smaż przez minutę.

Dodaj makaron, bazylię, tuńczyka, pomidory i bulion i dobrze wymieszaj. Zamknąć i gotować na dużym ogniu przez 4 minuty. Po zakończeniu zwolnij ciśnienie na 5 minut, a następnie zwolnij resztę za pomocą szybkozłącza. Zdejmij nasadkę. Dodaj pozostałe składniki, dobrze wymieszaj i podawaj.

Odżywianie (na 100g): 346 kalorii 11,9 g tłuszczu 31,3 g węglowodanów 6,3 g białka 830 mg sodu

Mieszanka panini z awokado i indyka

Czas przygotowania: 5 minut

Czas gotowania: 8 minut

Porcje: 2

Poziom trudności: łatwy

Składniki:

- 2 czerwone papryki, upieczone i pokrojone w paski
- ¼ funta cienko pokrojona wędzona pierś z indyka mesquite
- 1 szklanka świeżych liści szpinaku, podzielonych
- 2 plastry sera provolone
- 1 łyżka oliwy z oliwek, podzielona
- 2 bułki ciabatty
- ¼ szklanki majonezu
- ½ dojrzałego awokado

Instrukcje:

W misce dobrze rozgnieść majonez i awokado. Następnie rozgrzej prasę Panini.

Bułki przekroić na pół i posmarować wnętrze bułki oliwą z oliwek. Następnie nadziewać farszem, układając warstwami: provolone, pierś z indyka, pieczoną paprykę, liście szpinaku i posmarować mieszanką z awokado i przykryć drugą kromką chleba.

Umieść kanapkę w prasie Panini i grilluj przez 5 do 8 minut, aż ser się roztopi, a chleb będzie chrupiący i chrupiący.

Odżywianie (na 100g): 546 kalorii 34,8 g tłuszczu 31,9 g węglowodanów 27,8 g białka 582 mg sodu

Wrap z ogórka, kurczaka i mango

Czas przygotowania: 5 minut
Czas gotowania: 20 minut
Porcje: 1
Stopień trudności: trudny

Składniki:

- ½ średniego ogórka pokrojonego wzdłuż
- ½ dojrzałego mango
- 1 łyżka wybranego sosu sałatkowego
- 1 tortilla pełnoziarnista
- Plastry piersi z kurczaka o grubości 2,5 cm i długości około 15 cm
- 2 łyżki oleju do smażenia
- 2 łyżki mąki pełnoziarnistej
- 2 do 4 liści sałaty
- Sól i pieprz do smaku

Instrukcje:

Pokrój pierś kurczaka na 1-calowe paski i gotuj tylko 6-calowe paski. To byłoby jak dwa paski kurczaka. Przechowuj pozostałego kurczaka do wykorzystania w przyszłości.

Kurczaka doprawiamy pieprzem i solą. Obtoczyć w mące pełnoziarnistej.

Na średnim ogniu umieść małą, nieprzywierającą patelnię i rozgrzej olej. Gdy olej się rozgrzeje, dodaj paski kurczaka i smaż na złoty kolor około 5 minut z każdej strony.

Podczas gdy kurczak się gotuje, umieść tortillę w piekarniku i gotuj przez 3 do 5 minut. Następnie zarezerwuj i przenieś na talerz.

Pokrój ogórek wzdłuż, użyj tylko ½ i zachowaj pozostały ogórek. Ogórka obrać ze skórki pokroić w ćwiartki i usunąć miąższ. Umieść dwa plasterki ogórka w opakowaniu tortilli, 1 cal od krawędzi.

Pokrój mango i zachowaj drugą połowę z nasionami. Obierz mango bez pestki, pokrój w paski i umieść na ogórku w opakowaniu z tortilli.

Po ugotowaniu kurczaka umieść go obok ogórka w rzędzie.

Dodać liść ogórka i skropić wybranym sosem sałatkowym.

Zwiń tortillę, podawaj i ciesz się.

Odżywianie (na 100g): 434 kalorii 10 g tłuszczu 65 g węglowodanów 21 g białka 691 mg sodu

Fattoush – bliskowschodni chleb

Czas przygotowania: 10 minut

Czas gotowania: 15 minut

Porcje: 6

Stopień trudności: trudny

Składniki:

- 2 chlebki pita
- 1 łyżka oliwy z oliwek extra virgin
- 1/2 łyżeczki sumaka, więcej na później
- Sól i pieprz
- 1 serce sałaty rzymskiej
- 1 angielski ogórek
- 5 rzymskich pomidorów
- 5 zielonych cebul
- 5 rzodkiewek
- 2 szklanki posiekanych świeżych liści pietruszki
- 1 szklanka posiekanych świeżych liści mięty
- <u>Składniki sosu:</u>
- 1 1/2 cytryny, sok z
- 1/3 szklanki oliwy z oliwek extra virgin
- Sól i pieprz
- 1 łyżeczka mielonego sumaka
- 1/4 łyżeczki cynamonu w proszku
- niecałe 1/4 łyżeczki mielonego ziela angielskiego

Instrukcje:

Podpłomyki opiekaj przez 5 minut w tosterze. A następnie pokrój podpłomyki na kawałki.

W dużym garnku na średnim ogniu podgrzewaj 3 łyżki oliwy z oliwek przez 3 minuty. Dodaj podpłomyki i smaż na złoty kolor, około 4 minut, mieszając.

Dodaj sól, pieprz i 1/2 łyżeczki sumaka. Zdejmujemy frytki z ognia i układamy na ręcznikach papierowych do odsączenia.

Dokładnie wymieszaj posiekaną sałatę, ogórka, pomidora, szczypiorek, pokrojoną w plasterki rzodkiewkę, liście mięty i pietruszkę w dużej salaterce.

Aby zrobić winegret cytrynowy, wymieszaj wszystkie składniki w małej misce.

Dodaj dressing do sałatki i dobrze wymieszaj. Wymieszaj chleb pita.

Podawaj i ciesz się.

Odżywianie (na 100g): 192 kalorii 13,8 g tłuszczu 16,1 g węglowodanów 3,9 g białka 655 mg sodu

Bezglutenowa focaccia z pomidorami i czosnkiem

Czas przygotowania: 5 minut
Czas gotowania: 20 minut
Porcje: 8
Stopień trudności: trudny

Składniki:

- 1 jajko
- ½ łyżeczki soku z cytryny
- 1 łyżka miodu
- 4 łyżki oliwy z oliwek
- Szczypta cukru
- 1 ¼ szklanki gorącej wody
- 1 łyżka aktywnych suchych drożdży
- 2 łyżeczki posiekanego rozmarynu
- 2 łyżeczki posiekanego tymianku
- 2 łyżeczki posiekanej bazylii
- 2 posiekane ząbki czosnku
- 1 ¼ łyżeczki soli morskiej
- 2 łyżeczki gumy ksantanowej
- ½ szklanki mąki jaglanej
- 1 szklanka skrobi ziemniaczanej, nie mąki
- 1 szklanka mąki z sorgo
- Bezglutenowa mąka kukurydziana do obtoczenia

Instrukcje:

Włącz piekarnik na 5 minut, a następnie wyłącz go, nie zamykając drzwiczek piekarnika.

Połącz ciepłą wodę i szczyptę cukru. Dodać drożdże i delikatnie wymieszać. Pozostaw na 7 minut.

W dużej misce wymieszaj zioła, czosnek, sól, gumę ksantanową, skrobię i mąki. Gdy drożdże się skończą, wlej je do miski z mąką. Dodaj jajko, sok z cytryny, miód i oliwę z oliwek.

Dobrze wymieszaj i umieść w dobrze natłuszczonej kwadratowej formie do pieczenia posypanej mąką kukurydzianą. Posyp świeżym czosnkiem, większą ilością ziół i pokrojonymi pomidorami. Wstaw do nagrzanego piekarnika i pozostaw do wyrośnięcia na pół godziny.

Włącz piekarnik do 375oF i po czasie nagrzewania przez 20 minut. Focaccia jest gotowa, gdy wierzchy lekko się zarumienią. Natychmiast wyjmij z piekarnika i patelni i ostudź. Najlepiej podawać na ciepło.

Odżywianie (na 100g): 251 kalorii 9 g tłuszczu 38,4 g węglowodanów 5,4 g białka 366 mg sodu

Grillowane hamburgery z pieczarkami

Czas przygotowania: 15 minut

Czas gotowania: 10 minut

Porcje: 4

Poziom trudności: średni

Składniki:

- 2 sałaty lodowe, przekrojone na pół
- 4 plastry czerwonej cebuli
- 4 plastry pomidora
- 4 pieczywo pełnoziarniste, opiekane
- 2 łyżki oliwy z oliwek
- ¼ łyżeczki pieprzu cayenne, opcjonalnie
- 1 ząbek mielonego czosnku
- 1 łyżka cukru
- ½ szklanki wody
- 1/3 szklanki octu balsamicznego
- 4 duże kapelusze grzybów Portobello o średnicy około 5 cali

Instrukcje:

Usuń łodygi z grzybów i wytrzyj wilgotną szmatką. Przenieś na blachę do pieczenia skrzelami do góry.

W misce wymieszaj oliwę z oliwek, pieprz cayenne, czosnek, cukier, wodę i ocet. Zalej grzyby i marynuj grzyby w ref przez co najmniej godzinę.

Kiedy godzina dobiega końca, rozgrzej grill na średnim ogniu i natłuść grill.

Grilluj grzyby przez pięć minut z każdej strony lub do miękkości. Podlej grzyby marynatą, aby nie wyschły.

Aby złożyć, połóż ½ słodkiego chleba na talerzu, na wierzchu połóż plaster cebuli, pieczarki, pomidora i liść sałaty. Przykryć drugą górną połową chleba. Powtórz proces z pozostałymi składnikami, podawaj i ciesz się.

Odżywianie (na 100g): 244 kalorii 9,3 g tłuszczu 32 g węglowodanów 8,1 g białka 693 mg sodu

Śródziemnomorska Baba Ghanoush

Czas przygotowania: 10 minut

Czas gotowania: 25 minut

Porcje: 4

Poziom trudności: średni

Składniki:

- 1 główka czosnku
- 1 czerwona papryka, przekrojona na pół i pozbawiona nasion
- 1 łyżka posiekanej świeżej bazylii
- 1 łyżka oliwy z oliwek
- 1 łyżeczka czarnego pieprzu
- 2 bakłażany, przekrojone wzdłuż
- 2 kromki chleba pita lub chleba pita
- 1 sok z cytryny

Instrukcje:

Posmaruj ruszt grilla sprayem do gotowania i rozgrzej grill do średniej mocy.

Odetnij końcówki czosnku i zawiń w folię aluminiową. Umieść na najchłodniejszej części grilla i piecz przez co najmniej 20 minut. Umieść plastry papryki i bakłażana na najgorętszej części grilla. Grillować z obu stron.

Gdy cebulki będą gotowe, obierz pieczony czosnek i umieść obrany czosnek w robocie kuchennym. Dodać oliwę, pieprz, bazylię, sok z cytryny, grillowaną czerwoną paprykę i grillowanego bakłażana. Zrób puree i wlej do miski.

Grilluj chleb przez co najmniej 30 sekund z każdej strony, aby się nagrzał. Podawaj chleb z puree z sosem i ciesz się.

Odżywianie (na 100g): 231,6 kalorii 4,8 g tłuszczu 36,3 g węglowodanów 6,3 g białka 593 mg sodu

Bułki wielozbożowe i bezglutenowe

Czas przygotowania: 10 minut

Czas gotowania: 20 minut

Porcje: 8

Poziom trudności: średni

Składniki:

- ½ łyżeczki octu jabłkowego
- 3 łyżki oliwy z oliwek
- 2 jajka
- 1 łyżeczka drożdży
- 1 łyżeczka soli
- 2 łyżeczki gumy ksantanowej
- ½ szklanki skrobi z tapioki
- ¼ szklanki brązowej mąki teff
- ¼ szklanki mąki lnianej
- ¼ szklanki mąki z amarantusa
- ¼ szklanki mąki z sorgo
- ¾ szklanki mąki z brązowego ryżu

Instrukcje:

Dobrze wymieszaj wodę i miód w małej misce i dodaj drożdże. Pozwól mu działać dokładnie przez 10 minut.

Połącz mikserem: proszek do pieczenia, sól, gumę ksantanową, mąkę lnianą, mąkę z sorgo, mąkę teff, skrobię z tapioki, mąkę z amarantusa i mąkę z brązowego ryżu.

W średniej misce wymieszaj ocet, olej i jajka.

Do miski z suchymi składnikami wlej mieszaninę octu i drożdży i dobrze wymieszaj.

Nasmaruj formę na muffinki na 12 filiżanek sprayem do gotowania. Przełóż ciasto równomiernie do 12 foremek na muffiny i odstaw na godzinę do wyrośnięcia.

Następnie rozgrzej piekarnik do 375oF i piecz bułki, aż wierzchy będą złocistobrązowe, około 20 minut.

Natychmiast wyjmij bułki z piekarnika i foremki na muffiny i pozostaw do ostygnięcia.

Najlepiej podawać na ciepło.

Odżywianie (na 100g): 207 kalorii 8,3 g tłuszczu 27,8 g węglowodanów 4,6 g białka 844 mg sodu

linguine z owocami morza

Czas przygotowania: 10 minut

Czas gotowania: 35 minut

Porcje: 2

Stopień trudności: trudny

Składniki:

- 2 posiekane ząbki czosnku
- 4 uncje linguine, pełnoziarniste
- 1 łyżka oliwy z oliwek
- 14 uncji pomidorów, z puszki i pokrojonych w kostkę
- 1/2 łyżki szalotki, posiekanej
- 1/4 szklanki białego wina
- Sól morska i czarny pieprz do smaku
- 6 małży wiśniowych, oczyszczonych
- 4 uncje tilapii, pokrojonej w 1-calowe paski
- 4 uncje suszonych przegrzebków morskich
- 1/8 szklanki startego parmezanu
- 1/2 łyżeczki majeranku, mielonego i świeżego

Instrukcje:

Doprowadź wodę do wrzenia w garnku i gotuj makaron do miękkości, co powinno zająć około ośmiu minut. Odcedź i opłucz makaron.

Rozgrzej olej na dużej patelni na średnim ogniu, a gdy olej będzie gorący, wymieszaj czosnek i szalotki. Gotuj przez minutę i często mieszaj.

Zwiększ ogień do średniego przed dodaniem soli, wina, pieprzu i pomidorów, doprowadzając do wrzenia. Gotuj jeszcze przez minutę.

Następnie dodaj małże, przykryj i gotuj przez kolejne dwie minuty.

Następnie wymieszaj z majerankiem, przegrzebkami i rybą. Kontynuuj gotowanie, aż ryba będzie w pełni ugotowana, a małże się otworzą. Zajmie to do pięciu minut i pozbędzie się wszelkich małży, które się nie otworzą.

Sos i małże rozsmarować na makaronie, przed podaniem posypać parmezanem i majerankiem. Podawaj gorące.

Odżywianie (na 100g): 329 kalorii 12 g tłuszczu 10 g węglowodanów 33 g białka 836 mg sodu

Imbir Krewetki I Pomidor Relish

Czas przygotowania: 10 minut

Czas gotowania: 15 minut

Porcje: 2

Stopień trudności: trudny

Składniki:

- 1 1/2 łyżki oleju roślinnego
- 1 ząbek mielonego czosnku
- 10 krewetek, bardzo dużych, obranych i z ogonami
- 3/4 łyżki palca, startego i obranego
- 1 zielony pomidor, przekrojony na pół
- 2 pomidory śliwkowe przekrojone na pół
- 1 łyżka soku z cytryny, świeżego
- 1/2 łyżeczki cukru
- 1/2 łyżki nasion Jalapeño, świeżych i posiekanych
- 1/2 łyżki bazylii, świeżej i posiekanej
- 1/2 łyżki kolendry, posiekanej i świeżej
- 10 szaszłyków
- Sól morska i czarny pieprz do smaku

Instrukcje:

Namocz szaszłyki w garnku z wodą przez co najmniej pół godziny.

Połącz czosnek i imbir w misce, przenosząc połowę do większej miski i mieszając z dwiema łyżkami oleju. Dodaj krewetki i upewnij się, że są dobrze pokryte.

Przykryć i wstawić do lodówki na co najmniej pół godziny, a następnie ostudzić.

Dobrze rozgrzej grill i lekko posmaruj kratki olejem. Weź miskę i wymieszaj śliwkę i zielone pomidory z pozostałą łyżką oliwy z oliwek, dopraw solą i pieprzem.

Pomidory grillujemy przekrojoną stroną do góry, a skórki powinny być zwęglone. Miąższ pomidorowy powinien być miękki, co zajmie około czterech do sześciu minut w przypadku pomidora śliwkowego i około dziesięciu minut w przypadku zielonego.

Zdejmij skórki, gdy pomidory ostygną na tyle, by można je było znieść, a następnie wyrzuć nasiona. Drobno posiekaj pulpę pomidorową, dodając ją do zarezerwowanego imbiru i czosnku. Dodać cukier, jalapeño, sok z limonki i bazylię.

Dopraw krewetki solą i pieprzem, nawlecz je na szaszłyki i grilluj, aż będą nieprzezroczyste, około dwóch minut z każdej strony. Umieść krewetki na talerzu z przyprawami i ciesz się.

Odżywianie (na 100g): 391 kalorii 13 g tłuszczu 11 g węglowodanów 34 g białka 693 mg sodu

Krewetki I Makaron

Czas przygotowania: 10 minut

Czas gotowania: 10 minut

Porcje: 2

Poziom trudności: średni

Składniki:

- 2 szklanki ugotowanego makaronu z anielskich włosów
- 1/2 funta średnie krewetki, obrane
- 1 ząbek mielonego czosnku
- 1 szklanka pokrojonych pomidorów
- 1 łyżeczka oliwy z oliwek
- 1/6 szklanki oliwek Kalamata, bez pestek i posiekanych
- 1/8 szklanki bazylii, świeżej i cienko pokrojonej
- 1 łyżka kaparów, odsączonych
- 1/8 szklanki pokruszonego sera feta
- odrobina czarnego pieprzu

Instrukcje:

Ugotuj makaron zgodnie z instrukcją na opakowaniu, a następnie rozgrzej olej na patelni na średnim ogniu. Gotuj czosnek przez pół minuty i dodaj krewetki. Smaż jeszcze minutę.

Dodaj bazylię i pomidory, a następnie zmniejsz ogień, aby gotować przez trzy minuty. Twój pomidor powinien być miękki.

Dodaj oliwki i kapary. Dodaj odrobinę czarnego pieprzu i połącz mieszankę krewetek i makaronu, aby podać. Przed podaniem na gorąco posyp serem.

Odżywianie (na 100g): 357 kalorii 11 g tłuszczu 9 g węglowodanów 30 g białka 871 mg sodu

gotowany dorsz

Czas przygotowania: 10 minut

Czas gotowania: 25 minut

Porcje: 2

Poziom trudności: średni

Składniki:

- 2 filety z dorsza, 6 uncji
- Sól morska i czarny pieprz do smaku
- 1/4 szklanki wytrawnego białego wina
- 1/4 szklanki bulionu z owoców morza
- 2 posiekane ząbki czosnku
- 1 liść laurowy
- 1/2 łyżeczki szałwii, świeżej i posiekanej
- 2 gałązki rozmarynu do dekoracji

Instrukcje:

Zacznij od ustawienia piekarnika na 375, a następnie dopraw filety solą i pieprzem. Umieść je w brytfannie i dodaj bulion, czosnek, wino, szałwię i liść laurowy. Zamknij szczelnie i piecz przez dwadzieścia minut. Twoja ryba powinna być łuszcząca się podczas testowania widelcem.

Użyj szpatułki, aby nabrać każdy filet, umieść płyn na dużym ogniu i gotuj, aby zredukował się o połowę. Powinno to zająć dziesięć minut i będziesz musiał często mieszać. Podawać skropione wrzącym płynem i udekorowane gałązką rozmarynu.

Odżywianie (na 100g): 361 kalorii 10 g tłuszczu 9 g węglowodanów 34 g białka 783 mg sodu

Małże w białym winie

Czas przygotowania: 5 minut

Czas gotowania: 10 minut

Porcje: 2

Stopień trudności: trudny

Składniki:

- 2 funty świeżych żywych małży
- 1 szklanka wytrawnego białego wina
- 1/4 łyżeczki soli morskiej, ok
- 3 posiekane ząbki czosnku
- 2 łyżeczki szalotki, posiekanej
- 1/4 szklanki pietruszki, świeżej i posiekanej, podzielonej
- 2 łyżki oliwy z oliwek
- 1/4 cytryny, sok

Instrukcje:

Weź sito i przetrzyj małże, płucząc je pod zimną wodą. Odrzuć wszystkie małże, które nie zamykają się po rozbiciu, a następnie użyj noża, aby usunąć brodę z każdego z nich.

Zdejmij kociołek, umieść go na średnim ogniu i dodaj czosnek, szalotki, wino i pietruszkę. Doprowadzić do wrzenia. Gdy się zagotuje, dodaj małże i przykryj. Gotuj przez pięć do siedmiu minut. Upewnij się, że się nie rozgotowują.

Wyjmij je łyżką cedzakową i dodaj sok z cytryny i oliwę z oliwek na patelnię. Dobrze wymieszaj i zalej bulionem małże przed podaniem z pietruszką.

Odżywianie (na 100g): 345 kalorii 9 g tłuszczu 18 g węglowodanów 37 g białka 693 mg sodu

tłusty łosoś

Czas przygotowania: 10 minut

Czas gotowania: 15 minut

Porcje: 2

Poziom trudności: średni

Składniki:

- 2 filety z łososia, każdy po 6 uncji
- 1 łyżka oliwy z oliwek
- 1/2 mandarynki, sok
- 2 łyżeczki skórki pomarańczowej
- 2 łyżki koperku, świeżego i posiekanego
- Sól morska i czarny pieprz do smaku

Instrukcje:

Ustaw piekarnik na 375 stopni, a następnie zdejmij dwa dziesięciocalowe kawałki folii aluminiowej. Natrzyj filety oliwą z oliwek z obu stron, a następnie dopraw solą i pieprzem, układając każdy filet na kawałku folii aluminiowej.

Każdą skropić sokiem pomarańczowym i posypać startą skórką pomarańczową i koperkiem. Złóż opakowanie zamknięte, upewniając się, że wewnątrz folii są dwa cale przestrzeni powietrznej, aby ryby mogły się ugotować, i umieść je na blasze do pieczenia.

Piec przez piętnaście minut przed otwarciem paczek i przeniesieniem na dwa talerze do serwowania. Przed podaniem polać każdą sosem.

Odżywianie (na 100g): 366 kalorii 14 g tłuszczu 9 g węglowodanów 36 g białka 689 mg sodu

płaski łosoś

Czas przygotowania: 8 minut
Czas gotowania: 8 minut
Porcje: 2
Poziom trudności: łatwy

Składniki:

- Łosoś, filet 180 gramów
- Cytryna, 2 plasterki
- kapary, 1 łyżka
- Sól morska i pieprz, 1/8 łyżeczki
- Oliwa z oliwek extra virgin, 1 łyżka

Instrukcje:

Umieść czystą patelnię na średnim ogniu i gotuj przez 3 minuty. Umieść oliwę z oliwek na talerzu i całkowicie przykryj łososia. Łososia smażymy na patelni na dużym ogniu.

Przykryj łososia pozostałymi składnikami i obróć, aby smażył się z każdej strony. Zwróć uwagę, kiedy obie strony są brązowe. Może to zająć 3-5 minut z każdej strony. Upewnij się, że łosoś jest ugotowany, sprawdzając go widelcem.

Podawać z kawałkami cytryny.

Odżywianie (na 100g): 371 kalorii 25,1 g tłuszczu 0,9 g węglowodanów 33,7 g białka 782 mg sodu

Melodia tuńczyka

Czas przygotowania: 20 minut

Czas gotowania: 20 minut

Porcje: 2

Poziom trudności: łatwy

Składniki:

- Tuńczyk, 12 uncji
- Zielona cebula, 1 do dekoracji
- Pieprz, ¼, posiekany
- Ocet, 1 kreska
- Sól i pieprz do smaku
- Awokado, 1, przekrojone na pół i bez pestek
- Jogurt grecki, 2 łyżki

Instrukcje:

W misce wymieszaj tuńczyka z octem, cebulą, jogurtem, awokado i pieprzem.

Dodaj przyprawy, wymieszaj i podawaj ze szczypiorkiem.

Odżywianie (na 100g): 294 kalorii 19 g tłuszczu 10 g węglowodanów 12 g białka 836 mg sodu

ser morski

Czas przygotowania: 12 minut
Czas gotowania: 25 minut
Porcje: 2
Poziom trudności: łatwy

Składniki:

- Łosoś, filet 180 gramów
- Suszona bazylia, 1 łyżka
- Ser, 2 łyżki, tarty
- Pomidor, 1, pokrojony
- Oliwa z oliwek extra virgin, 1 łyżka

Instrukcje:

Przygotuj piekarnik w temperaturze 375 F. Ułóż folię aluminiową na blasze do pieczenia i spryskaj olejem jadalnym. Ostrożnie przenieś łososia na blachę do pieczenia i przykryj resztą składników.

Niech łosoś zbrązowieje przez 20 minut. Pozostaw do ostygnięcia na pięć minut i przenieś na talerz do serwowania. Na środku łososia zobaczysz polewę.

Odżywianie (na 100g): 411 kalorii 26,6 g tłuszczu 1,6 g węglowodanów 8 g białka 822 mg sodu

zdrowe steki

Czas przygotowania: 10 minut

Czas gotowania: 20 minut

Porcje: 2

Poziom trudności: łatwy

Składniki:

- Oliwa z oliwek, 1 łyżeczka
- Stek z halibuta, 8 uncji
- Czosnek, ½ łyżeczki, posiekany
- Masło, 1 łyżka
- Sól i pieprz do smaku

Instrukcje:

Rozgrzej patelnię i dodaj olej. Na średnim ogniu podsmaż steki na patelni, roztop masło z czosnkiem, solą i pieprzem. Dodaj steki, dobrze wymieszaj i podawaj.

Odżywianie (na 100g): 284 kalorii 17 g tłuszczu 0,2 g węglowodanów 8 g białka 755 mg sodu

łosoś ziołowy

Czas przygotowania: 8 minut

Czas gotowania: 18 minut

Porcje: 2

Poziom trudności: łatwy

Składniki:

- Łosoś, 2 filety bez skóry
- Gruba sól do smaku
- Oliwa z oliwek extra virgin, 1 łyżka
- Cytryna, 1, pokrojona
- Świeży rozmaryn, 4 gałązki

Instrukcje:

Rozgrzej piekarnik do 400F. Umieść folię na blasze do pieczenia i połóż łososia na wierzchu. Łososia przykryć pozostałymi składnikami i piec przez 20 minut. Podawaj od razu z kawałkami cytryny.

Odżywianie (na 100g): 257 kalorii 18 g tłuszczu 2,7 g węglowodanów 7 g białka 836 mg sodu

Glazurowany Smokey Tuńczyk

Czas przygotowania: 35 minut

Czas gotowania: 10 minut

Porcje: 2

Poziom trudności: łatwy

Składniki:

- Tuńczyk, steki 120 gram
- Sok pomarańczowy, 1 łyżka
- Czosnek mielony, ½ ząbka
- Sok z cytryny, ½ łyżeczki
- Świeża natka pietruszki, 1 łyżka, posiekana
- Sos sojowy, 1 łyżka
- Oliwa z oliwek extra virgin, 1 łyżka
- Mielony czarny pieprz, ¼ łyżeczki
- oregano, ¼ łyżeczki

Instrukcje:

Wybierz miskę do mieszania i dodaj wszystkie składniki oprócz tuńczyka. Dobrze wymieszaj i dodaj tuńczyka do marynaty. Umieść mieszaninę w lodówce na pół godziny. Rozgrzej grill i smaż tuńczyka z każdej strony przez 5 minut. Podawać po ugotowaniu.

Odżywianie (na 100g): 200 kalorii 7,9 g tłuszczu 0,3 g węglowodanów 10 g białka 734 mg sodu

Chrupiący Halibut

Czas przygotowania: 20 minut

Czas gotowania: 15 minut

Porcje: 2

Poziom trudności: łatwy

Składniki:

- pietruszka w górę
- Świeży koperek, 2 łyżki, posiekany
- Świeży szczypiorek, 2 łyżki, posiekany
- Oliwa z oliwek, 1 łyżka
- Sól i pieprz do smaku
- Halibut, filety, 6 uncji
- Skórka z cytryny, ½ łyżeczki, drobno startej
- Jogurt grecki, 2 łyżki

Instrukcje:

Rozgrzej piekarnik do 400F. Wyłóż blachę do pieczenia folią aluminiową. Dodaj wszystkie składniki do szerokiego naczynia i pozwól filetom się zamarynować. Opłucz i osusz filety; następnie włożyć do piekarnika i piec przez 15 minut.

Odżywianie (na 100g): 273 kalorii 7,2 g tłuszczu 0,4 g węglowodanów 9 g białka 783 mg sodu

Fit Tuńczyk

Czas przygotowania: 15 minut
Czas gotowania: 10 minut
Porcje: 2
Poziom trudności: łatwy

Składniki:

- Jajko, ½
- Cebula, 1 łyżka, posiekana
- seler w górę
- Sól i pieprz do smaku
- Czosnek, 1 ząbek, posiekany
- tuńczyk w puszce, 7 uncji
- Jogurt grecki, 2 łyżki

Instrukcje:

Odcedź tuńczyka i dodaj jajko i jogurt z czosnkiem, solą i pieprzem.

W misce wymieszaj tę mieszankę z cebulą i uformuj burgery. Weź dużą patelnię i smaż burgery przez 3 minuty z każdej strony. Odcedź i podawaj.

Odżywianie (na 100g): 230 kalorii 13 g tłuszczu 0,8 g węglowodanów 10 g białka 866 mg sodu

Gorące i świeże steki rybne

Czas przygotowania: 14 minut

Czas gotowania: 14 minut

Porcje: 2

Poziom trudności: łatwy

Składniki:

- Czosnek, 1 ząbek, posiekany
- Sok z cytryny, 1 łyżka
- Brązowy cukier, 1 łyżka
- Stek z halibuta, 1 funt
- Sól i pieprz do smaku
- Sos sojowy, ¼ łyżeczki
- Masło, 1 łyżeczka
- Jogurt grecki, 2 łyżki

Instrukcje:

Na średnim ogniu rozgrzej grill. W misce wymieszaj masło, cukier, jogurt, sok z cytryny, sos sojowy i przyprawy. Podgrzej mieszaninę na patelni. Użyj tej mieszanki do posmarowania steku podczas pieczenia na grillu. Podawać na gorąco.

Odżywianie (na 100g): 412 kalorii 19,4 g tłuszczu 7,6 g węglowodanów 11 g białka 788 mg sodu

Małże O'Marine

Czas przygotowania: 20 minut

Czas gotowania: 10 minut

Porcje: 2

Poziom trudności: łatwy

Składniki:

- Małże, wyszorowane i obrane, 1 funt
- Mleko kokosowe, ½ szklanki
- pieprz cayenne, 1 łyżeczka
- Świeży sok z cytryny, 1 łyżka
- Czosnek, 1 łyżeczka, posiekany
- Świeżo posiekana kolendra do posypania
- Brązowy cukier, 1 łyżeczka

Instrukcje:

Wymieszaj wszystkie składniki na patelni, z wyjątkiem małży. Ogrzać mieszaninę i doprowadzić do wrzenia. Dodaj małże i gotuj przez 10 minut. Podawać na talerzu z gotowanym płynem.

Odżywianie (na 100g): 483 kalorii 24,4 g tłuszczu 21,6 g węglowodanów 1,2 g białka 499 mg sodu

Śródziemnomorska pieczeń wołowa w powolnej kuchence

Czas przygotowania: 10 minut
Czas gotowania: 10 godzin i 10 minut
Porcje: 6
Poziom trudności: średni

Składniki:

- 3 funty Chuck Roast, bez kości
- 2 łyżeczki rozmarynu
- ½ szklanki suszonych pomidorów, posiekanych
- 10 startych ząbków czosnku
- ½ szklanki bulionu wołowego
- 2 łyżki octu balsamicznego
- ¼ szklanki posiekanej włoskiej pietruszki, świeżej
- ¼ szklanki posiekanych oliwek
- 1 łyżeczka skórki z cytryny
- ¼ szklanki kaszy serowej

Instrukcje:

Na patelni umieść czosnek, suszone pomidory i rostbef. Dodaj bulion wołowy i rozmaryn. Zamknij kuchenkę i gotuj powoli przez 10 godzin.

Po ugotowaniu wyjąć mięso i pokroić w kostkę. Wyrzuć tłuszcz. Umieść posiekane mięso z powrotem na patelni i gotuj przez 10 minut. W małej misce połącz skórkę z cytryny, pietruszkę i oliwki. Schłodź mieszaninę, aż będzie gotowa do podania. Udekoruj schłodzoną mieszanką.

Podawaj z makaronem lub makaronem jajecznym. Przykryć grysem serowym.

Odżywianie (na 100g): 314 kalorii 19 g tłuszczu 1 g węglowodanów 32 g białka 778 mg sodu

Wolnowarowa śródziemnomorska wołowina z karczochami

Ustawienia czasu: 3 godziny i 20 minut
Czas gotowania: 7 godzin i 8 minut
Porcje: 6
Poziom trudności: łatwy

Składniki:

- 2 funty wołowiny na gulasz
- 14 uncji serc karczochów
- 1 łyżka oleju z pestek winogron
- 1 cebula w kosteczkach
- 32 uncje bulionu wołowego
- 4 ząbki startego czosnku
- 14½ uncji pomidorów z puszki, pokrojonych w kostkę
- 15 uncji sosu pomidorowego
- 1 łyżeczka suszonego oregano
- ½ szklanki posiekanych oliwek bez pestek
- 1 łyżeczka suszonej pietruszki
- 1 łyżeczka suszonego oregano
- ½ łyżeczki kminku w proszku
- 1 łyżeczka suszonej bazylii
- 1 liść laurowy
- ½ łyżeczki soli

Instrukcje:

Na dużej nieprzywierającej patelni wlej trochę oleju i umieść na średnim ogniu. Mięso smażymy do zarumienienia z obu stron. Przenieś mięso do powolnej kuchenki.

Dodaj bulion mięsny, pokrojone w kostkę pomidory, sos pomidorowy, sól i wymieszaj. Wlać bulion mięsny, pokrojone w kostkę pomidory, oregano, oliwki, bazylię, pietruszkę, liść laurowy i kminek. Całkowicie wymieszaj mieszaninę.

Zamknij i gotuj na małym ogniu przez 7 godzin. Podczas serwowania wyrzuć liść laurowy. Podawać na gorąco.

Odżywianie (na 100g): 416 kalorii 5 g tłuszczu 14,1 g węglowodanów 29,9 g białka 811 mg sodu

Garnek do pieczenia w stylu śródziemnomorskim Skinny Slow Cooker

Czas przygotowania: 30 minut
Czas gotowania: 8 godzin
Porcje: 10
Stopień trudności: trudny

Składniki:

- 4 funty okrągłe pieczone oko
- 4 ząbki czosnku
- 2 łyżeczki oliwy z oliwek
- 1 łyżeczka świeżo zmielonego czarnego pieprzu
- 1 szklanka posiekanej cebuli
- 4 pokrojone marchewki
- 2 łyżeczki suszonego rozmarynu
- 2 posiekane łodygi selera
- 28 uncji puszkowanych zmiażdżonych pomidorów
- 1 szklanka bulionu wołowego o niskiej zawartości sodu
- 1 szklanka czerwonego wina
- 2 łyżeczki soli

Instrukcje:

Pieczeń wołową doprawiamy solą, czosnkiem i pieprzem i odstawiamy. Wlej olej na nieprzywierającą patelnię i umieść na średnim ogniu. Ułożyć mięso i piec do zarumienienia ze wszystkich stron. Teraz przenieś pieczoną wołowinę do wolnowaru o pojemności 6 kwart. Dodaj marchewkę, cebulę, rozmaryn i seler na patelnię. Kontynuuj gotowanie, aż cebula i warzywa będą miękkie.

Dodaj pomidory i wino do tej mieszanki warzyw. Dodaj bulion wołowy i mieszaninę pomidorów do wolnowaru wraz z mieszanką warzyw. Zamknij i gotuj na małym ogniu przez 8 godzin.

Gdy mięso będzie gotowe, wyjmij je z wolnowaru, połóż na desce do krojenia i zawiń w folię aluminiową. W celu zagęszczenia sosu przełożyć do rondelka i gotować na małym ogniu do uzyskania pożądanej konsystencji. Odrzuć tłuszcze przed podaniem.

Odżywianie (na 100g):260 kalorii 6 g tłuszczu 8,7 g węglowodanów 37,6 g białka 588 mg sodu

Pieczeń Mięsna w Wolnej Kuchni

Czas przygotowania: 10 minut

Czas gotowania: 6 godzin i 10 minut

Porcje: 8

Poziom trudności: średni

Składniki:

- 2 funty żubrów lądowych
- 1 starta cukinia
- 2 duże jajka
- Oliwa z oliwek w sprayu w razie potrzeby
- 1 pokrojona cukinia
- ½ szklanki natki pietruszki, świeżej, drobno posiekanej
- ½ szklanki tartego parmezanu
- 3 łyżki octu balsamicznego
- 4 starte ząbki czosnku
- 2 łyżki posiekanej cebuli
- 1 łyżka suszonego oregano
- ½ łyżeczki mielonego czarnego pieprzu
- ½ łyżeczki soli koszernej
- na dach:
- ¼ szklanki rozdrobnionego sera mozzarella
- ¼ szklanki niesłodzonego ketchupu
- ¼ szklanki świeżo posiekanej natki pietruszki

Instrukcje:

Wyłóż wnętrze sześciokwartowej wolnowaru folią aluminiową. Spryskaj go nieprzywierającym olejem kuchennym.

W dużej misce wymieszaj mieloną polędwicę z bizona lub bardzo delikatną polędwicę, cukinię, jajka, pietruszkę, ocet balsamiczny, czosnek, suszone oregano, sól morską lub koszerną, posiekaną suszoną cebulę i mielony czarny pieprz.

Umieść tę mieszankę w powolnej kuchence i uformuj bochenek w podłużny kształt. Przykryj kuchenkę, ustaw na małym ogniu i gotuj przez 6 godzin. Po ugotowaniu otwórz kuchenkę i rozsmaruj keczup na całym kotlecie.

Teraz umieść ser na wierzchu keczupu jako nową warstwę i zamknij powolną kuchenkę. Pozostaw pieczeń na tych dwóch warstwach na około 10 minut lub do momentu, aż ser zacznie się topić. Udekoruj świeżą pietruszką i tartym serem mozzarella.

Odżywianie (na 100g): 320 kalorii 2 g tłuszczu 4 g węglowodanów 26 g białka 681 mg sodu

Kawałki Śródziemnomorskiej Wołowiny Slow Cooker

Czas przygotowania: 10 minut
Czas pieczenia: 13 godzin
Porcje: 6
Poziom trudności: średni

Składniki:

- 3 funty chudej pieczeni wołowej
- ½ łyżeczki cebuli w proszku
- ½ łyżeczki czarnego pieprzu
- 3 szklanki bulionu wołowego o niskiej zawartości sodu
- 4 łyżeczki sosu sałatkowego
- 1 liść laurowy
- 1 łyżka posiekanego czosnku
- 2 czerwone papryki, pokrojone w cienkie paski
- 16 uncji Pepperoncino
- 8 plastrów Sierżanta Provolone, cienkich
- 2 uncje chleba bezglutenowego
- ½ łyżeczki soli
- Do sezonowania:
- 1½ łyżki proszku cebulowego
- 1 ½ łyżki czosnku w proszku
- 2 łyżki suszonej pietruszki

- 1 łyżka stewii
- ½ łyżeczki suszonego tymianku
- 1 łyżka suszonego oregano
- 2 łyżki czarnego pieprzu
- 1 łyżka soli
- 6 plasterków sera

Instrukcje:

Pieczeń osusz ręcznikiem papierowym. Połączyć czarny pieprz, cebulę w proszku i sól w małej misce i natrzeć mieszanką pieczeń. Umieść przyprawioną pieczeń w powolnej kuchence.

Dodaj bulion, mieszankę sosów sałatkowych, liść laurowy i czosnek do powolnej kuchenki. Delikatnie połącz. Zamknij i umieść na małym ogniu na 12 godzin. Po ugotowaniu wyjąć liść laurowy.

Wyjmij ugotowane mięso i posiekaj mięso. Włóż rozdrobnione mięso z powrotem i dodaj paprykę i. Umieść paprykę i pepperoncino w powolnej kuchence. Przykryj kuchenkę i gotuj na małym ogniu przez 1 godzinę. Przed podaniem udekoruj każdą bułkę 85 gramami mieszanki mięsnej. Przykryć plasterkiem sera. Sos w płynie może być używany jako sos.

Odżywianie (na 100g): 442 kalorii 11,5 g tłuszczu 37 g węglowodanów 49 g białka 735 mg sodu

Śródziemnomorska pieczeń wieprzowa

Czas przygotowania: 10 minut

Czas gotowania: 8 godzin i 10 minut
Porcje: 6
Poziom trudności: średni

Składniki:

- 2 łyżki oliwy z oliwek
- 2 funty pieczonej wieprzowiny
- ½ łyżeczki papryki
- ¾ szklanki bulionu z kurczaka
- 2 łyżeczki suszonej szałwii
- ½ łyżki mielonego czosnku
- ¼ łyżeczki suszonego majeranku
- ¼ łyżeczki suszonego rozmarynu
- 1 łyżeczka oregano
- ¼ łyżeczki suszonego tymianku
- 1 łyżeczka bazylii
- ¼ łyżeczki soli koszernej

Instrukcje:

W małej misce wymieszaj bulion, olej, sól i przyprawy. Na patelni wlej oliwę z oliwek i postaw na średnim ogniu. Dodaj wieprzowinę i piecz, aż wszystkie strony będą złocistobrązowe.

Po ugotowaniu wyjąć wieprzowinę i nakłuć nożem całą pieczeń. Umieść posiekaną pieczeń wieprzową w 6-kwartowym garnku. Teraz wlej płyn z małej miski na pieczeń.

Uszczelnij gliniany garnek i gotuj na małym ogniu przez 8 godzin. Po ugotowaniu wyjmij go z glinianego garnka na desce do krojenia i pokrój na kawałki. Następnie włóż szarpaną wieprzowinę z powrotem do powolnej kuchenki. Gotuj przez kolejne 10 minut. Podawać z serem feta, grzankami i pomidorami.

Odżywianie (na 100g): 361 kalorii 10,4 g tłuszczu 0,7 g węglowodanów 43,8 g białka 980 mg sodu

pizza z mięsem

Czas przygotowania: 20 minut
Czas gotowania: 50 minut
Porcje: 10
Stopień trudności: trudny

Składniki:

- <u>Na skórkę:</u>
- 3 szklanki mąki uniwersalnej
- 1 łyżka cukru
- 2¼ łyżeczki aktywnych suszonych drożdży
- 1 łyżeczka soli
- 2 łyżki oliwy z oliwek
- 1 szklanka gorącej wody
- <u>dla pokrycia:</u>
- 1 kilogram mielonej wołowiny
- 1 średnia cebula, posiekana
- 2 łyżki koncentratu pomidorowego
- 1 łyżka mielonego kminku
- Sól i mielony czarny pieprz według uznania
- ¼ szklanki wody
- 1 szklanka posiekanego świeżego szpinaku
- 8 uncji serc karczochów, podzielonych na cztery
- 4 uncje świeżych grzybów, pokrojone w plasterki

- 2 pokrojone pomidory
- 4 uncje sera feta, pokruszonego

Instrukcje:

Na skórkę:

Ubij mąkę, cukier, drożdże i sól w mikserze stojącym, używając haka do ciasta. Dodaj 2 łyżki oleju i ciepłą wodę i zagniataj, aż powstanie gładkie, elastyczne ciasto.

Z ciasta uformować kulę i odstawić na około 15 minut.

Umieść ciasto na lekko posypanej mąką powierzchni i rozwałkuj w koło. Umieść ciasto w lekko natłuszczonej okrągłej blasze do pizzy i delikatnie dociśnij, aby się zmieściło. Zarezerwuj na około 10-15 minut. Posmaruj skórkę odrobiną oleju. Rozgrzej piekarnik do 400 stopni F.

Dla pokrycia:

Smaż mięso na nieprzywierającej patelni na średnim ogniu przez około 4-5 minut. Dodaj cebulę i smaż przez około 5 minut, ciągle mieszając. Dodaj koncentrat pomidorowy, kminek, sól, czarny pieprz i wodę i dobrze wymieszaj.

Ustaw temperaturę na średnią i gotuj przez około 5-10 minut. Zdjąć z ognia i odstawić. Wyłóż masę mięsną na spód pizzy i połóż szpinak, a następnie karczochy, pieczarki, pomidory i ser feta.

Zapiekać, aż ser się roztopi. Wyjąć z piekarnika i odstawić na około 3-5 minut przed krojeniem. Pokrój w plastry o pożądanej wielkości i podawaj.

Odżywianie (na 100g): 309 kalorii 8,7 g tłuszczu 3,7 g węglowodanów 3,3 g białka 732 mg sodu

Pulpety z wołowiny i kaszy bulgur

Czas przygotowania: 20 minut

Czas gotowania: 28 minut

Porcje: 6

Poziom trudności: średni

Składniki:

- ¾ szklanki surowego bulguru
- 1 kilogram mielonej wołowiny
- ¼ szklanki posiekanej szalotki
- ¼ szklanki posiekanej świeżej pietruszki
- ½ łyżeczki mielonego ziela angielskiego
- ½ łyżeczki mielonego kminku
- ½ łyżeczki cynamonu w proszku
- ¼ łyżeczki płatków czerwonej papryki, zmiażdżonej
- Sól w razie potrzeby
- 1 łyżka oliwy z oliwek

Instrukcje:

W dużej misce z zimną wodą namocz kaszę bulgur przez około 30 minut. Dobrze odsącz pszenicę, a następnie ściśnij ją dłońmi, aby usunąć nadmiar wody. W robocie kuchennym dodaj kaszę bulgur, wołowinę, szalotki, pietruszkę, przyprawy, sól i zmiksuj na gładką masę.

Umieść mieszaninę w misce i wstaw do lodówki pod przykryciem na około 30 minut. Wyjąć z lodówki i z masy mięsnej uformować równej wielkości kulki. Na dużej nieprzywierającej patelni rozgrzej olej na średnim ogniu i smaż klopsiki w 2 partiach przez około 13-14 minut, często obracając. Podawaj gorące.

Odżywianie (na 100g): 228 kalorii 7,4 g tłuszczu 0,1 g węglowodanów 3,5 g białka 766 mg sodu

Smaczna wołowina i brokuły

Czas przygotowania: 10 minut
Czas gotowania: 15 minut
Porcje: 4
Poziom trudności: łatwy

Składniki:

- 1 i ½ funta. stek z flanki
- 1 łyżka stołowa. olej
- 1 łyżka stołowa. sos tamari
- 1 szklanka bulionu wołowego
- 1 funt brokułów, rozdzielone różyczki

Instrukcje:

Połącz paski steku z olejem i tamari, wymieszaj i odstaw na 10 minut. Ustaw szybkowar w trybie smażenia, umieść paski wołowiny i smaż je przez 4 minuty z każdej strony. Dodaj bulion, ponownie przykryj patelnię i gotuj na dużym ogniu przez 8 minut. Dodaj brokuły, przykryj i gotuj na dużym ogniu przez kolejne 4 minuty. Podziel wszystko na talerze i podawaj. Doceniać!

Odżywianie (na 100g): 312 kalorii 5 g tłuszczu 20 g węglowodanów 4 g białka 694 mg sodu

chili kukurydziane wołowe

Czas przygotowania: 8-10 minut
Czas gotowania: 30 minut
Porcje: 8
Poziom trudności: średni

Składniki:

- 2 małe cebule posiekane (drobno)
- ¼ szklanki kukurydzy z puszki
- 1 łyżka oleju
- 10 uncji chudej mielonej wołowiny
- 2 małe papryki, posiekane

Instrukcje:

Włącz Instant Pot. Kliknij na „SAUTE". Wlać olej i dodać cebulę, papryczkę chilli i mięso; gotować, aż stanie się przezroczysty i zmięknie. Wlej 3 szklanki wody do garnka; Dobrze wymieszać.

Zamknij pokrywę. Wybrać „MIĘSO/GULASZ". Ustaw minutnik na 20 minut. Gotuj, aż zegar się zatrzyma.

Kliknij „ANULUJ", a następnie „NPR", aby zwolnić naturalne ciśnienie na około 8-10 minut. Otwórz i umieść naczynie na talerzach do serwowania. Podawać.

Odżywianie (na 100g): 94 kalorii 5 g tłuszczu 2 g węglowodanów 7 g białka 477 mg sodu

Balsamiczny talerz mięsny

Czas przygotowania: 5 minut
Czas gotowania: 55 minut
Porcje: 8
Poziom trudności: średni

Składniki:

- 3 funty pieczonej wołowiny
- 3 ząbki czosnku, cienko pokrojone
- 1 łyżka oleju
- 1 łyżeczka aromatyzowanego octu
- ½ łyżeczki pieprzu
- ½ łyżeczki rozmarynu
- 1 łyżka masła
- ½ łyżeczki tymianku
- ¼ szklanki octu balsamicznego
- 1 szklanka bulionu wołowego

Instrukcje:

Kroimy plastry pieczeni i faszerujemy plastrami czosnku. Połącz aromatyzowany ocet, rozmaryn, pieprz, tymianek i natrzyj pieczeń mieszanką. Wybierz patelnię w trybie smażenia i wymieszaj z olejem, pozwól olejowi się rozgrzać. Piecz pieczeń z obu stron.

Usuń go i zarezerwuj. Dodaj masło, bulion, ocet balsamiczny i zdejmij glazurę z patelni. Wróć do pieczenia i zamknij pokrywę, a następnie gotuj na WYSOKIM ciśnieniu przez 40 minut.

Wykonaj szybkie zwolnienie. Podawać!

Odżywianie (na 100g): 393 kalorii 15 g tłuszczu 25 g węglowodanów 37 g białka 870 mg sodu

sos sojowy do pieczonej wołowiny

Czas przygotowania: 8 minut

Czas gotowania: 35 minut

Porcje: 2-3

Poziom trudności: średni

Składniki:

- ½ łyżeczki bulionu wołowego
- 1 ½ łyżeczki rozmarynu
- ½ łyżeczki mielonego czosnku
- 2 funty pieczonej wołowiny
- 1/3 szklanki sosu sojowego

Instrukcje:

Połącz sos sojowy, bulion, rozmaryn i czosnek w misce.

Włącz Instant Pot. Umieść pieczeń i zalej taką ilością wody, aby przykryła pieczeń; delikatnie wymieszać, aby dobrze wymieszać. Dobrze uszczelnij.

Kliknij funkcję gotowania „MIĘSO / DUSZON"; ustaw poziom ciśnienia na „WYSOKI" i ustaw czas gotowania na 35 minut. Niech ciśnienie wzrośnie, aby ugotować składniki. Po zakończeniu kliknij ustawienie „ANULUJ" i kliknij funkcję gotowania „NPR", aby w naturalny sposób zwolnić ciśnienie.

Powoli otwieraj pokrywę i szatkuj mięso. Wmieszaj rozdrobnioną wołowinę z powrotem do mieszanki doniczkowej i dobrze wymieszaj. Przełożyć do pojemników do podania. Podawaj gorące.

Odżywianie (na 100g): 423 kalorii 14 g tłuszczu 12 g węglowodanów 21 g białka 884 mg sodu

Pieczeń Wołowa Alecrim

Czas przygotowania: 5 minut

Czas gotowania: 45 minut

Porcje: 5-6

Poziom trudności: średni

Składniki:

- 3 funty pieczonej wołowiny
- 3 ząbki czosnku
- ¼ szklanki octu balsamicznego
- 1 gałązka świeżego rozmarynu
- 1 gałązka świeżego tymianku
- 1 szklanka wody
- 1 łyżka oleju roślinnego
- Sól i pieprz do smaku

Instrukcje:

Pokrój plastry rostbefu i umieść w nich ząbki czosnku. Pieczeń natrzyj ziołami, czarnym pieprzem i solą. Rozgrzej swój Instant Pot, używając ustawienia smażenia i wlej olej. Po podgrzaniu wmieszać pieczeń wołową i smażyć szybko, aż się zarumieni ze wszystkich stron. Dodać pozostałe składniki; delikatnie wymieszać.

Dobrze zamknij i gotuj na dużym ogniu przez 40 minut przy użyciu ustawień ręcznych. Pozwól, aby ciśnienie uwolniło się naturalnie, około 10 minut. Odkryć i ułożyć pieczone mięso na talerzach do serwowania, pokroić i podawać.

Odżywianie (na 100g): 542 kalorii 11,2 g tłuszczu 8,7 g węglowodanów 55,2 g białka 710 mg sodu

Kotlety schabowe i sos pomidorowy

Czas przygotowania: 10 minut

Czas gotowania: 20 minut

Porcje: 4

Poziom trudności: łatwy

Składniki:

- 4 kotlety schabowe, bez kości
- 1 łyżka sosu sojowego
- ¼ łyżeczki oleju sezamowego
- 1 i ½ szklanki koncentratu pomidorowego
- 1 żółta cebula
- 8 pokrojonych pieczarek

Instrukcje:

W misce wymieszaj kotlety schabowe z sosem sojowym i olejem sezamowym, wymieszaj i odstaw na 10 minut. Ustaw szybkowar w trybie smażenia, dodaj kotlety wieprzowe i smaż je przez 5 minut z każdej strony. Dodaj cebulę i smaż przez kolejne 1-2 minuty. Dodaj koncentrat pomidorowy i grzyby, wymieszaj, przykryj i gotuj na wysokim poziomie przez 8-9 minut. Podziel wszystko na talerze i podawaj. Doceniać!

Odżywianie (na 100g): 300 kalorii 7 g tłuszczu 18 g węglowodanów 4 g białka 801 mg sodu

Kurczak Z Sosem Kaparowym

Czas przygotowania: 10 minut
Czas gotowania: 18 minut
Porcje: 5
Stopień trudności: trudny

Składniki:

- Na kurczaka:
- 2 jajka
- Sól i mielony czarny pieprz według uznania
- 1 szklanka suchej bułki tartej
- 2 łyżki oliwy z oliwek
- Jeden funt bez kości, bez skóry pierś z kurczaka, rozdrobniona do grubości ¾ cala i pokrojona na kawałki
- Na sos kaparowy:
- 3 łyżki kaparów
- ½ szklanki wytrawnego białego wina
- 3 łyżki świeżego soku z cytryny
- Sól i mielony czarny pieprz według uznania
- 2 łyżki świeżej pietruszki, posiekanej

Instrukcje:

Kurczak: W płytkim naczyniu dodaj jajka, sól i czarny pieprz i ubijaj, aż dobrze się połączą. W innym płytkim naczyniu umieść bułkę tartą. Zanurz kawałki kurczaka w mieszance jajecznej i równomiernie obtocz w bułce tartej. Strząsnąć nadmiar bułki tartej.

Rozgrzej olej na średnim ogniu i smaż kawałki kurczaka przez około 5-7 minut z każdej strony lub do pożądanego stopnia wysmażenia. Łyżką cedzakową ułóż kawałki kurczaka na talerzu wyłożonym ręcznikiem papierowym. Kawałkiem folii aluminiowej przykryj kawałki kurczaka, aby były ciepłe.

Na tę samą patelnię dodaj wszystkie składniki sosu oprócz natki pietruszki i gotuj przez około 2-3 minuty, ciągle mieszając. Wymieszaj z pietruszką i zdejmij z ognia. Kawałki kurczaka podawaj polane sosem kaparowym.

Odżywianie (na 100g):352 kalorii 13,5 g tłuszczu 1,9 g węglowodanów 1,2 g białka 741 mg sodu

Burgery z Indyka Z Sosem Mango

Czas przygotowania: 15 minut

Czas gotowania: 10 minut

Porcje: 6

Poziom trudności: łatwy

Składniki:

- 1 ½ funta mielonej piersi z indyka
- 1 łyżeczka soli morskiej, podzielona
- ¼ łyżeczki świeżo zmielonego czarnego pieprzu
- 2 łyżki oliwy z oliwek extra vergine
- 2 mango, obrane, bez pestek i pokrojone w kostkę
- ½ czerwonej cebuli, posiekanej
- 1 sok z cytryny
- 1 ząbek mielonego czosnku
- ½ papryczki jalapeno, pozbawionej pestek i drobno posiekanej
- 2 łyżki posiekanych świeżych liści kolendry

Instrukcje:

Z piersi indyka uformować 4 kotlety i doprawić ½ łyżeczki soli morskiej i pieprzu. Smażymy olej na nieprzywierającej patelni, aż zacznie błyszczeć. Dodaj kotlety z indyka i smaż przez około 5 minut z każdej strony, aż uzyskają złoty kolor. Podczas gdy paszteciki się gotują, w małej misce połącz mango, czerwoną cebulę, sok z limonki, czosnek, jalapeño, kolendrę i pozostałe ½ łyżeczki soli morskiej. Nałóż salsę na paszteciki z indyka i podawaj.

Odżywianie (na 100g): 384 kalorii 3 g tłuszczu 27 g węglowodanów 34 g białka 692 mg sodu

Pieczona pierś z indyka z ziołami

Czas przygotowania: 15 minut

Czas gotowania: 1½ godziny (plus 20 minut na odpoczynek)

Porcje: 6

Poziom trudności: średni

Składniki:

- 2 łyżki oliwy z oliwek extra vergine
- 4 mielone ząbki czosnku
- skórka z 1 cytryny
- 1 łyżka posiekanych świeżych listków tymianku
- 1 łyżka posiekanych świeżych listków rozmarynu
- 2 łyżki świeżych liści włoskiej pietruszki
- 1 łyżeczka mielonej musztardy
- 1 łyżeczka soli morskiej
- ¼ łyżeczki świeżo zmielonego czarnego pieprzu
- 1 (6 funtów) piersi z indyka ze skórą i kością
- 1 szklanka wytrawnego białego wina

Instrukcje:

Rozgrzej piekarnik do 325 ° F. Połącz oliwę z oliwek, czosnek, skórkę z cytryny, tymianek, rozmaryn, pietruszkę, musztardę, sól morską i pieprz. Równomiernie posmaruj mieszanką ziół powierzchnię piersi indyka, poluzuj skórę i wetrzyj również pod spodem. Umieść pierś z indyka w brytfannie na ruszcie, skórą do góry.

Wlej wino na patelnię. Piecz przez 1 do 1 1/2 godziny, aż indyk osiągnie wewnętrzną temperaturę 165 stopni F. Wyjmij z piekarnika i umieść osobno na 20 minut, przykrytą folią, aby się rozgrzała, przed pokrojeniem.

Odżywianie (na 100g): 392 kalorii 1 g tłuszczu 2 g węglowodanów 84 g białka 741 mg sodu

Kiełbasa Z Kurczaka I Papryki

Czas przygotowania: 10 minut
Czas gotowania: 20 minut
Porcje: 6
Poziom trudności: średni

Składniki:

- 2 łyżki oliwy z oliwek extra vergine
- 6 włoskich kiełbasek z kurczaka
- 1 cebula
- 1 czerwona papryka
- 1 zielona papryka
- 3 posiekane ząbki czosnku
- ½ szklanki wytrawnego białego wina
- ½ łyżeczki soli morskiej
- ¼ łyżeczki świeżo zmielonego czarnego pieprzu
- Zbierz płatki czerwonej papryki

Instrukcje:

Podsmaż olej na dużej patelni, aż zacznie błyszczeć. Dodaj kiełbaski i gotuj przez 5 do 7 minut, od czasu do czasu obracając, aż się zrumienią i osiągną temperaturę wewnętrzną 165 ° F. Za pomocą szczypiec zdejmij kiełbasę z patelni i odłóż na półmisek, przykryj folią, aby się nie rozgrzała rozgrzało się.

Ponownie postaw patelnię na ogniu i wymieszaj cebulę, czerwoną paprykę i zieloną paprykę. Smaż i mieszaj od czasu do czasu, aż warzywa zaczną się rumienić. Dodaj czosnek i smaż przez 30 sekund, ciągle mieszając.

Dodaj wino, sól morską, pieprz i płatki czerwonej papryki. Wyjmij i złóż zrumienione kawałki z dna patelni. Gotować jeszcze około 4 minut, mieszając, aż płyn zredukuje się o połowę. Posyp papryką kiełbaski i podawaj.

Odżywianie (na 100g): 173 kalorii 1 g tłuszczu 6 g węglowodanów 22 g białka 582 mg sodu

Siekany Kurczak

Czas przygotowania: 10 minut

Czas gotowania: 15 minut

Porcje: 6

Poziom trudności: średni

Składniki:

- ½ szklanki mąki pełnoziarnistej
- ½ łyżeczki soli morskiej
- 1/8 łyżeczki świeżo zmielonego czarnego pieprzu
- 1 ½ funta piersi z kurczaka, pokrojonej na 6 kawałków
- 3 łyżki oliwy z oliwek extra vergine
- 1 szklanka niesolonego bulionu z kurczaka
- ½ szklanki wytrawnego białego wina
- 1 sok z cytryny
- skórka z 1 cytryny
- ¼ szklanki kaparów, odsączonych i wypłukanych
- ¼ szklanki posiekanych świeżych liści pietruszki

Instrukcje:

W płytkim naczyniu wymieszaj mąkę, sól morską i pieprz. Oprósz kurczaka mąką i strząśnij nadmiar. Smaż olej, aż zacznie błyszczeć.

Umieść kurczaka i smaż przez około 4 minuty z każdej strony, aż uzyska złoty kolor. Zdejmij kurczaka z patelni i odłóż na bok, wyłożony folią aluminiową, aby nie wystygł.

Ponownie postaw patelnię na ogniu i dodaj bulion, wino, sok z cytryny, skórkę z cytryny i kapary. Boczną łyżką wmieszać zrumienione kawałki z dna patelni. Gotuj, aż płyn zgęstnieje. Zdejmij patelnię z ognia i przełóż kurczaka z powrotem na patelnię. Załóż płaszcz. Dodaj pietruszkę i podawaj.

Odżywianie (na 100g): 153 kalorii 2 g tłuszczu 9 g węglowodanów 8 g białka 692 mg sodu

toskański kurczak

Czas przygotowania: 10 minut

Czas gotowania: 25 minut

Porcje: 6

Stopień trudności: trudny

Składniki:

- ¼ szklanki oliwy z oliwek extra virgin, podzielone
- Jednofuntowe piersi z kurczaka bez kości, bez skóry, pokrojone na ¾-calowe kawałki
- 1 posiekana cebula
- 1 posiekana czerwona papryka
- 3 posiekane ząbki czosnku
- ½ szklanki wytrawnego białego wina
- 1 puszka (14 uncji) zmiażdżonych pomidorów, nieodsączonych
- 1 puszka pokrojonych pomidorów, odsączonych
- 1 puszka (14 uncji) białej fasoli, odsączonej
- 1 łyżka suchej włoskiej przyprawy
- ½ łyżeczki soli morskiej
- 1/8 łyżeczki świeżo zmielonego czarnego pieprzu
- 1/8 łyżeczki płatków czerwonej papryki
- ¼ szklanki posiekanych świeżych liści bazylii

Instrukcje:

Podsmaż 2 łyżki oliwy z oliwek, aż zacznie błyszczeć. Wrzucić kurczaka i smażyć, aż się zrumieni. Zdjąć kurczaka z patelni i odłożyć na półmisek, przykryty folią aluminiową, aby nie wystygł.

Ponownie postaw patelnię na ogniu i rozgrzej pozostały olej. Dodaj cebulę i czerwoną paprykę. Gotuj i mieszaj od czasu do czasu, aż warzywa będą miękkie. Dodaj czosnek i smaż przez 30 sekund, ciągle mieszając.

Dodaj wino i boczną łyżką usuń przyrumienione kawałki z dna patelni. Gotuj przez 1 minutę, mieszając.

Wymieszaj zmiażdżone i posiekane pomidory, białą fasolę, włoską przyprawę, sól morską, pieprz i płatki czerwonej papryki. Niech się zagotuje. Gotuj przez 5 minut, od czasu do czasu mieszając.

Umieść kurczaka i wszelkie nagromadzone soki z powrotem na patelni. Gotuj, aż kurczak będzie ugotowany. Zdjąć z ognia i wymieszać z bazylią przed podaniem.

Odżywianie (na 100g): 271 kalorii 8 g tłuszczu 29 g węglowodanów 14 g białka 596 mg sodu

kurczak kapama

Czas przygotowania: 10 minut
Czas gotowania: 2 godziny
Porcje: 4
Poziom trudności: średni

Składniki:

- 1 puszka (32 uncje) posiekanych pomidorów, odsączonych
- ¼ szklanki wytrawnego białego wina
- 2 łyżki koncentratu pomidorowego
- 3 łyżki oliwy z oliwek extra vergine
- ¼ łyżeczki płatków czerwonej papryki
- 1 łyżeczka mielonego ziela angielskiego
- ½ łyżeczki suszonego oregano
- 2 całe goździki
- 1 laska cynamonu
- ½ łyżeczki soli morskiej
- 1/8 łyżeczki świeżo zmielonego czarnego pieprzu
- 4 połówki piersi z kurczaka bez kości i bez skóry

Instrukcje:

Połącz pomidory, wino, koncentrat pomidorowy, oliwę z oliwek, płatki czerwonej papryki, ziele angielskie, oregano, goździki, laskę cynamonu, sól morską i pieprz w dużym rondlu. Doprowadzić do wrzenia, od czasu do czasu mieszając. Pozostawiamy na wolnym ogniu przez 30 minut, od czasu do czasu mieszając. Usuń i wyrzuć wszystkie goździki i laskę cynamonu z sosu i pozostaw do ostygnięcia.

Rozgrzej piekarnik do 350 ° F. Umieść kurczaka w naczyniu do pieczenia o wymiarach 9 na 13 cali. Sosem polać kurczaka i przykryć patelnię folią aluminiową. Kontynuuj pieczenie, aż osiągniesz temperaturę wewnętrzną 165 ° F.

Odżywianie (na 100g): 220 kalorii 3 g tłuszczu 11 g węglowodanów 8 g białka 923 mg sodu

Pierś Z Kurczaka Faszerowana Szpinakiem I Fetą

Czas przygotowania: 10 minut
Czas gotowania: 45 minut
Porcje: 4
Poziom trudności: średni

Składniki:

- 2 łyżki oliwy z oliwek extra vergine
- 1 funt świeżego szpinaku
- 3 posiekane ząbki czosnku
- skórka z 1 cytryny
- ½ łyżeczki soli morskiej
- 1/8 łyżeczki świeżo zmielonego czarnego pieprzu
- ½ szklanki pokruszonego sera feta
- 4 piersi z kurczaka bez kości i skóry

Instrukcje:

Rozgrzej piekarnik do 350 ° F. Gotuj oliwę z oliwek na średnim ogniu, aż zacznie migotać. Dodaj szpinak. Kontynuuj gotowanie i mieszanie, aż zmięknie.

Wymieszaj czosnek, skórkę z cytryny, sól morską i pieprz. Gotuj przez 30 sekund, ciągle mieszając. Niech trochę ostygnie i wymieszaj ser.

Rozłóż mieszankę szpinaku i sera równą warstwą na kawałkach kurczaka i zawiń pierś wokół farszu. Zabezpiecz wykałaczkami lub sznurkiem rzeźniczym. Umieść piersi w naczyniu do pieczenia o wymiarach 9 x 13 cali i piecz przez 30 do 40 minut lub do momentu, aż kurczak osiągnie temperaturę wewnętrzną 165 ° F. Wyjmij z piekarnika i odstaw na 5 minut przed pokrojeniem i podaniem.

Odżywianie (na 100g): 263 kalorii 3 g tłuszczu 7 g węglowodanów 17 g białka 639 mg sodu

Pieczone udka z kurczaka z rozmarynem

Czas przygotowania: 5 minut

Czas gotowania: 1 godzina

Porcje: 6

Poziom trudności: łatwy

Składniki:

- 2 łyżki posiekanych świeżych listków rozmarynu
- 1 łyżeczka czosnku w proszku
- ½ łyżeczki soli morskiej
- 1/8 łyżeczki świeżo zmielonego czarnego pieprzu
- skórka z 1 cytryny
- 12 udek z kurczaka

Instrukcje:

Rozgrzej piekarnik do 350 ° F. Wymieszaj rozmaryn, czosnek w proszku, sól morską, pieprz i skórkę z cytryny.

Umieść podudzia w naczyniu do pieczenia o wymiarach 9 na 13 cali i posyp mieszanką rozmarynu. Piecz, aż kurczak osiągnie temperaturę wewnętrzną 165 ° F.

Odżywianie (na 100g): 163 kalorii 1 g tłuszczu 2 g węglowodanów 26 g białka 633 mg sodu

Kurczak Z Cebulą, Ziemniakami, Figą I Marchewką

Czas przygotowania: 5 minut
Czas gotowania: 45 minut
Porcje: 4
Poziom trudności: średni

Składniki:

- 2 szklanki ziemniaków fingerling, przekrojonych na pół
- 4 świeże figi pokrojone w ćwiartki
- 2 marchewki, pokrojone w julienki
- 2 łyżki oliwy z oliwek extra vergine
- 1 łyżeczka soli morskiej, podzielona
- ¼ łyżeczki świeżo zmielonego czarnego pieprzu
- 4 ćwiartki udek z kurczaka
- 2 łyżki posiekanych świeżych liści pietruszki

Instrukcje:

Rozgrzej piekarnik do 425 ° F. W małej misce wymieszaj ziemniaki, figi i marchewkę z oliwą z oliwek, ½ łyżeczki soli morskiej i pieprzu. Rozłóż w naczyniu do pieczenia o wymiarach 9 na 13 cali.

Dopraw kurczaka pozostałą solą morską. Ułożyć na warzywach. Piecz, aż warzywa będą miękkie, a kurczak osiągnie wewnętrzną temperaturę 165 ° F. Posyp natką pietruszki i podawaj.

Odżywianie (na 100g): 429 kalorii 4 g tłuszczu 27 g węglowodanów 52 g białka 581 mg sodu

Gyros z kurczaka z tzatzikami

Czas przygotowania: 15 minut

Czas gotowania: 1 godzina i 20 minut

Porcje: 6

Poziom trudności: średni

Składniki:

- Pół funta piersi z kurczaka
- 1 cebula starta z odciśniętą z nadmiaru wody
- 2 łyżki suszonego rozmarynu
- 1 łyżka suszonego majeranku
- 6 mielonych ząbków czosnku
- ½ łyżeczki soli morskiej
- ¼ łyżeczki świeżo zmielonego czarnego pieprzu
- sos tzatziki

Instrukcje:

Rozgrzej piekarnik do 350 ° F. Połącz kurczaka, cebulę, rozmaryn, majeranek, czosnek, sól morską i pieprz w robocie kuchennym. Ubijaj, aż mieszanina utworzy pastę. Alternatywnie wymieszaj te składniki razem w misce, aż dobrze się połączą (patrz wskazówka dotycząca przygotowania).

Wciśnij mieszaninę do brytfanny. Piecz, aż osiągnie temperaturę wewnętrzną 165 stopni. Wyjąć z piekarnika i odstawić na 20 minut przed krojeniem.

Pokrój żyroskop i połóż łyżkę sosu tzatziki na wierzchu.

Odżywianie (na 100g): 289 kalorii 1 g tłuszczu 20 g węglowodanów 50 g białka 622 mg sodu

musaka

Czas przygotowania: 10 minut

Czas gotowania: 45 minut

Porcje: 8

Stopień trudności: trudny

Składniki:

- 5 łyżek oliwy z oliwek extra virgin, podzielone
- 1 bakłażan, pokrojony w plastry (ze skórką)
- 1 posiekana cebula
- 1 zielona papryka, pozbawiona nasion i posiekana
- Pół funta mielonego indyka
- 3 posiekane ząbki czosnku
- 2 łyżki koncentratu pomidorowego
- 1 puszka pokrojonych pomidorów, odsączonych
- 1 łyżka włoskiej przyprawy
- 2 łyżeczki sosu Worcestershire
- 1 łyżeczka suszonego oregano
- ½ łyżeczki cynamonu w proszku
- 1 szklanka beztłuszczowego, bezcukrowego jogurtu greckiego
- 1 ubite jajko
- ¼ łyżeczki świeżo zmielonego czarnego pieprzu
- ¼ łyżeczki mielonej gałki muszkatołowej
- ¼ szklanki tartego parmezanu
- 2 łyżki posiekanych świeżych liści pietruszki

Instrukcje:

Rozgrzej piekarnik do 400 ° F. Gotuj 3 łyżki oliwy z oliwek, aż zacznie migotać. Dodaj plastry bakłażana i smaż przez 3 do 4 minut z każdej strony. Przełożyć na ręczniki papierowe do odsączenia.

Ponownie postaw patelnię na ogniu i wlej pozostałe 2 łyżki oliwy z oliwek. Dodaj cebulę i zielony pieprz. Kontynuuj gotowanie, aż warzywa będą miękkie. Zdjąć z patelni i odstawić.

Doprowadzić patelnię do ognia i wymieszać z indykiem. Gotuj przez około 5 minut, krusząc łyżką, aż uzyskasz złoty kolor. Dodaj czosnek i smaż przez 30 sekund, ciągle mieszając.

Wymieszać koncentrat pomidorowy, pomidory, włoską przyprawę, sos Worcestershire, oregano i cynamon. Umieść cebulę i paprykę z powrotem na patelni. Gotować przez 5 minut, mieszając. Połącz jogurt, jajko, pieprz, gałkę muszkatołową i ser.

Ułóż połowę mieszanki mięsnej w naczyniu do pieczenia o wymiarach 9 na 15 cali. Ułóż warstwę z połową bakłażana. Dodaj pozostałą mieszankę mięsną i pozostały bakłażan. Rozłóż masę jogurtową. Piec na złoty kolor. Udekoruj natką pietruszki i podawaj.

Odżywianie (na 100g): 338 kalorii 5 g tłuszczu 16 g węglowodanów 28 g białka 569 mg sodu

Schab z ziołami i dijon

Czas przygotowania: 10 minut
Czas gotowania: 30 minut
Porcje: 6
Poziom trudności: średni

Składniki:

- ½ szklanki świeżych włoskich liści pietruszki, posiekanych
- 3 łyżki świeżych listków rozmarynu, posiekanych
- 3 łyżki świeżych listków tymianku, posiekanych
- 3 łyżki musztardy dijon
- 1 łyżka oliwy z oliwek extra virgin
- 4 mielone ząbki czosnku
- ½ łyżeczki soli morskiej
- ¼ łyżeczki świeżo zmielonego czarnego pieprzu
- 1 polędwica wieprzowa (1 ½ funta)

Instrukcje:

Rozgrzej piekarnik do 400 ° F. Wymieszaj pietruszkę, rozmaryn, tymianek, musztardę, oliwę z oliwek, czosnek, sól morską i pieprz. Przetwarzaj przez około 30 sekund, aż będzie gładkie. Rozłóż mieszankę równomiernie na wieprzowinie i umieść ją na wyłożonej brzegami blasze do pieczenia.

Piecz, aż mięso osiągnie temperaturę wewnętrzną 140 ° F. Wyjmij z piekarnika i odstaw na 10 minut przed pokrojeniem i podaniem.

Odżywianie (na 100g): 393 kalorii 3 g tłuszczu 5 g węglowodanów 74 g białka 697 mg sodu

Stek Z Czerwonego Wina - Sos Pieczarkowy

Ustawienia czasu: minuty plus 8 godzin marynowania
Czas gotowania: 20 minut
Porcje: 4
Stopień trudności: trudny

Składniki:

- <u>Do marynaty i steku</u>
- 1 szklanka wytrawnego czerwonego wina
- 3 posiekane ząbki czosnku
- 2 łyżki oliwy z oliwek extra vergine
- 1 łyżka sosu sojowego o niskiej zawartości sodu
- 1 łyżka suszonego tymianku
- 1 łyżeczka musztardy dijon
- 2 łyżki oliwy z oliwek extra vergine
- 1 do 1 ½ funta steku ze spódnicy, płaskiego steku lub steku z trzema końcówkami
- <u>Do sosu grzybowego</u>
- 2 łyżki oliwy z oliwek extra vergine
- Pół kilograma pieczarek cremini, podzielonych na cztery
- ½ łyżeczki soli morskiej
- 1 łyżeczka suszonego tymianku

- 1/8 łyżeczki świeżo zmielonego czarnego pieprzu
- 2 posiekane ząbki czosnku
- 1 szklanka wytrawnego czerwonego wina

Instrukcje:

Aby zrobić marynatę i stek

W małej misce połącz wino, czosnek, oliwę z oliwek, sos sojowy, tymianek i musztardę. Wlać do zamykanej torby i dodać stek. Przechowywać stek w lodówce do marynowania przez 4 do 8 godzin. Wyjmij stek z marynaty i osusz ręcznikiem papierowym.

Na dużej patelni rozgrzej olej, aż zacznie błyszczeć.

Umieść stek i smaż przez około 4 minuty z każdej strony, aż będzie głęboko zrumieniony z każdej strony, a stek osiągnie wewnętrzną temperaturę 140 ° F. Zdejmij stek z patelni i umieść go na talerzu przykrytym folią, aby był ciepły. podgrzane, podczas przygotowywania sosu grzybowego.

Gdy sos grzybowy jest gotowy, pokrój stek na plastry o grubości ½ cala.

Do przygotowania sosu grzybowego

Rozgrzej olej na tej samej patelni na średnim ogniu. Dodaj grzyby, sól morską, tymianek i pieprz. Smaż około 6 minut, bardzo rzadko mieszając, aż pieczarki się zarumienią.

Podsmaż czosnek. Wymieszaj wino i użyj bocznej drewnianej łyżki, aby zebrać zrumienione kawałki z dna patelni. Gotować, aż płyn zredukuje się o połowę. Podawaj grzyby łyżką na steku.

Odżywianie (na 100g): 405 kalorii 5 g tłuszczu 7 g węglowodanów 33 g białka 842 mg sodu

greckie klopsiki

Czas przygotowania: 20 minut

Czas gotowania: 25 minut

Porcje: 4

Poziom trudności: średni

Składniki:

- 2 kromki chleba pełnoziarnistego
- 1¼ funta mielonego indyka
- 1 jajko
- ¼ szklanki sezonowanej pełnoziarnistej bułki tartej
- 3 posiekane ząbki czosnku
- ¼ czerwonej cebuli, startej
- ¼ szklanki posiekanych świeżych liści włoskiej pietruszki
- 2 łyżki posiekanych listków świeżej mięty
- 2 łyżki posiekanych świeżych liści oregano
- ½ łyżeczki soli morskiej
- ¼ łyżeczki świeżo zmielonego czarnego pieprzu

Instrukcje:

Rozgrzej piekarnik do 350 ° F. Umieść papier pergaminowy lub folię aluminiową na blasze do pieczenia. Chleb zanurzyć w wodzie, aby zwilżyć i odcisnąć nadmiar. Zetrzyj mokry chleb na małe kawałki i umieść go w średniej misce.

Dodaj indyka, jajko, bułkę tartą, czosnek, czerwoną cebulę, pietruszkę, miętę, oregano, sól morską i pieprz. Dobrze wymieszaj. Z masy uformować kulki wielkości ¼ szklanki. Umieść klopsiki na przygotowanej blasze do pieczenia i piecz przez około 25 minut lub do momentu, gdy temperatura wewnętrzna osiągnie 165°F.

Odżywianie (na 100g): 350 kalorii 6 g tłuszczu 10 g węglowodanów 42 g białka 842 mg sodu

jagnięcina z fasolą

Czas przygotowania: 10 minut
Czas gotowania: 1 godzina
Porcje: 6
Stopień trudności: trudny

Składniki:

- ¼ szklanki oliwy z oliwek extra virgin, podzielone
- 6 kotletów jagnięcych, bez dodatkowego tłuszczu
- 1 łyżeczka soli morskiej, podzielona
- ½ łyżeczki świeżo zmielonego czarnego pieprzu
- 2 łyżki koncentratu pomidorowego
- 1 ½ szklanki gorącej wody
- 1 funt zielonej fasoli, przyciętej i przekrojonej na pół
- 1 posiekana cebula
- 2 pokrojone pomidory

Instrukcje:

Podsmaż 2 łyżki oliwy z oliwek na dużej patelni, aż zacznie błyszczeć. Dopraw kotlety jagnięce ½ łyżeczki soli morskiej i 1/8 łyżeczki pieprzu. Smaż jagnięcinę w gorącym oleju przez około 4 minuty z każdej strony, aż się zarumieni z obu stron. Mięso ułożyć na talerzu i odstawić.

Ponownie postaw patelnię na ogniu i dodaj pozostałe 2 łyżki oliwy z oliwek. Podgrzewaj, aż zacznie się świecić.

W misce rozpuść koncentrat pomidorowy w gorącej wodzie. Dodaj do gorącej patelni wraz z zieloną fasolką, cebulą, pomidorami i pozostałymi ½ łyżeczki soli morskiej i ¼ łyżeczki pieprzu. Doprowadzić do wrzenia, bokiem łyżki zeskrobać przyrumienione kawałki z dna patelni.

Umieść kotlety jagnięce z powrotem na patelni. Doprowadź do wrzenia i ustaw ciepło na średnio-niskie. Gotuj przez 45 minut, aż fasola będzie miękka, dodając więcej wody w razie potrzeby, aby dostosować gęstość sosu.

Odżywianie (na 100g): 439 kalorii 4 g tłuszczu 10 g węglowodanów 50 g białka 745 mg sodu

Kurczak W Sosie Pomidorowym Balsamicznym

Czas przygotowania: 10 minut
Czas gotowania: 20 minut
Porcje: 4
Poziom trudności: średni

Składniki

- 2 (8 uncji lub 226,7 g każda) piersi z kurczaka bez kości i bez skóry
- ½ łyżeczki soli
- ½ łyżeczki mielonego pieprzu
- 3 łyżki. Oliwa z oliwek z pierwszego tłoczenia
- ½ w. połówki pomidorków koktajlowych
- 2 łyżki stołowe. pokrojona szalotka
- ¼ c. ocet balsamiczny
- 1 łyżka stołowa. siekany czosnek
- 1 łyżka stołowa. prażone nasiona kopru włoskiego, rozgniecione
- 1 łyżka stołowa. masło

Instrukcje:

Pokrój piersi z kurczaka na 4 części i rozbij je młotkiem, aż będą miały grubość ¼ cala. Użyj ¼ łyżeczki pieprzu i soli do pokrycia kurczaka. Na patelni na średnim ogniu rozgrzej dwie łyżki oleju.

Smaż piersi z kurczaka z obu stron przez trzy minuty. Umieść go na talerzu do serwowania i przykryj folią aluminiową, aby był ciepły.

Dodaj łyżkę oleju, cebulę i pomidory na patelnię i smaż, aż zmiękną. Dodaj ocet i gotuj mieszaninę, aż ocet zredukuje się o połowę. Dodaj nasiona kopru włoskiego, czosnek, sól i pieprz i gotuj przez około cztery minuty. Zdjąć z ognia i wymieszać z masłem. Wlej ten sos na kurczaka i podawaj.

Odżywianie (na 100g): 294 kalorii 17 g tłuszczu 10 g węglowodanów 2 g białka 639 mg sodu

Brązowy ryż, ser feta, świeży groszek i sałatka z mięty

Czas przygotowania: 10 minut
Czas gotowania: 25 minut
Porcje: 4
Poziom trudności: łatwy

Składniki:

- 2 w. brązowy ryż
- 3 w. woda
- sól
- 5 uncji lub 141,7 g pokruszonego sera feta
- 2 w. gotowany groszek
- ½ w. posiekana mięta, świeża
- 2 łyżki stołowe. olej
- Sól i pieprz

Instrukcje:

Umieść brązowy ryż, wodę i sól na patelni i umieść na średnim ogniu, przykryj i zagotuj. Zmniejsz ogień do najniższego i gotuj, aż woda się rozpuści, a ryż będzie miękki, ale ciągnący się. pozwól mu całkowicie ostygnąć

Dodaj ser feta, groszek, miętę, oliwę z oliwek, sól i pieprz do salaterki z ostudzonym ryżem i wymieszaj. Podawaj i ciesz się!

Odżywianie (na 100g): 613 kalorii 18,2 g tłuszczu 45 g węglowodanów 12 g białka 755 mg sodu

Pełnoziarnisty placek nadziewany oliwkami i ciecierzycą

Czas przygotowania: 10 minut
Czas gotowania: 20 minut
Porcje: 2
Poziom trudności: średni

Składniki:

- 2 pełne kieszenie pita
- 2 łyżki stołowe. olej
- 2 posiekane ząbki czosnku
- 1 posiekana cebula
- ½ łyżeczki kminku
- 10 posiekanych czarnych oliwek
- 2 w. gotowana ciecierzyca
- Sól i pieprz

Instrukcje:

Wytnij kieszonki pita i odłóż na bok. Dostosuj ciepło do średniego i umieść rondel na miejscu. Dodać olej i podgrzać. Połącz czosnek, cebulę i kminek na gorącej patelni i mieszaj, aż cebula zmięknie, a kminek nabierze aromatu. Dodaj oliwki, ciecierzycę, sól i pieprz i mieszaj, aż ciecierzyca nabierze złotego koloru.

Zdejmij patelnię z ognia i drewnianą łyżką rozgnieć grubo ciecierzycę, tak aby niektóre pozostały nienaruszone, a inne zmiażdżone. Ogrzej kieszenie pita w kuchence mikrofalowej, piekarniku lub na czystej patelni na kuchence.

Napełnij je mieszanką z ciecierzycy i ciesz się!

Odżywianie (na 100g): 503 kalorii 19 g tłuszczu 14 g węglowodanów 15,7 g białka 798 mg sodu

Pieczone Marchewki Z Orzechami I Fasolą Cannellini

Czas przygotowania: 10 minut
Czas gotowania: 45 minut
Porcje: 4
Poziom trudności: średni

Składniki:

- 4 obrane marchewki, posiekane
- 1 w. orzechy
- 1 łyżka stołowa. Drogi
- 2 łyżki stołowe. olej
- 2 w. fasola cannellini z puszki, odsączona
- 1 gałązka świeżego tymianku
- Sól i pieprz

Instrukcje:

Ustaw piekarnik na 400 F / 204 C i wyłóż blachę do pieczenia lub blachę do ciastek papierem pergaminowym. Umieść marchewki i orzechy włoskie na blasze do pieczenia lub blasze do pieczenia. Skrop marchewkę i orzechy włoskimi oliwą z oliwek i miodem i potrzyj wszystko razem, aby każdy kawałek był pokryty Rozłóż fasolę na tacy i ułóż ją w marchewce i orzechach włoskich

Dodać tymianek i posypać wszystko solą i pieprzem. Blachę wstawić do piekarnika i piec około 40 minut.

służyć i cieszyć się

Odżywianie (na 100g): 385 kalorii 27 g tłuszczu 6 g węglowodanów 18 g białka 859 mg sodu

Kurczak przyprawiony masłem

Czas przygotowania: 10 minut

Czas gotowania: 25 minut

Porcje: 4

Poziom trudności: średni

Składniki:

- ½ w. Ciężka bita śmietana
- 1 łyżka stołowa. sól
- ½ w. bulion z kości
- 1 łyżka stołowa. Pieprz
- 4 łyżki. Masło
- 4 połówki piersi z kurczaka

Instrukcje:

Umieść blachę do pieczenia w piekarniku na średnim ogniu i dodaj łyżkę masła. Gdy masło będzie gorące i roztopione, dodaj kurczaka i smaż przez pięć minut z każdej strony. Pod koniec tego czasu kurczak powinien być dobrze ugotowany i zrumieniony; jeśli tak, śmiało i połóż to na talerzu.

Następnie do gorącego garnka wlej bulion kostny. Dodaj świeżą śmietanę, sól i pieprz. Następnie pozostaw patelnię w spokoju, aż sos zacznie się gotować. Pozwól temu procesowi trwać przez pięć minut, aby sos zgęstniał.

Na koniec włożysz resztę masła i kurczaka z powrotem na patelnię. Pamiętaj, aby użyć łyżki, aby nałożyć sos na kurczaka i całkowicie go udusić. Podawać

Odżywianie (na 100g): 350 kalorii 25 g tłuszczu 10 g węglowodanów 25 g białka 869 mg sodu

Kurczak z Podwójnym Serem Bekonowym

Czas przygotowania: 10 minut
Czas gotowania: 30 minut
Porcje: 4
Poziom trudności: łatwy

Składniki:

- 4 uncje lub 113 g. Ser topiony
- 1 w. Ser Cheddar
- 8 pasków boczku
- Sól morska
- Pieprz
- 2 posiekane ząbki czosnku
- Pierś z kurczaka
- 1 łyżka stołowa. Tłuszcz bekonowy lub masło

Instrukcje:

Ustaw piekarnik na 400 F / 204 C Przetnij piersi z kurczaka na pół, aby były cienkie

Doprawiamy solą, pieprzem i czosnkiem. Naczynie żaroodporne wysmarować masłem i ułożyć w nim piersi z kurczaka. Dodaj ser śmietankowy i ser cheddar na piersi

Dodaj również plastry bekonu Umieść blachę do pieczenia w piekarniku na 30 minut Podawaj na gorąco

Odżywianie (na 100g):610 kalorii 32 g tłuszczu 3 g węglowodanów 38 g białka 759 mg sodu

Krewetki Z Cytryną I Pieprzem

Czas przygotowania: 10 minut

Czas gotowania: 10 minut

Porcje: 4

Poziom trudności: łatwy

Składniki:

- 40 rozwiniętych krewetek, obranych
- 6 mielonych ząbków czosnku
- sól i czarny pieprz
- 3 łyżki. olej
- ¼ łyżeczki papryki
- Szczypta pokruszonych płatków czerwonej papryki
- ¼ łyżeczki startej skórki z cytryny
- 3 łyżki. Sherry lub inne wino
- 1½ łyżki. pokrojona dymka
- 1 sok z cytryny

Instrukcje:

Dostosuj ciepło do średniego i umieść rondel na miejscu.

Dodać oliwę i krewetki, posypać pieprzem i solą, smażyć 1 minutę Dodać paprykę, czosnek i płatki chilli, wymieszać i smażyć 1 minutę. Delikatnie wymieszaj sherry i gotuj przez kolejną minutę.

Zdejmij krewetki z ognia, dodaj szalotki i skórkę z cytryny, zamieszaj i przełóż krewetki na talerze. Dodaj sok z cytryny i podawaj

Odżywianie (na 100g):140 kalorii 1 g tłuszczu 5 g węglowodanów 18 g białka 694 mg sodu

Panierowany i sezonowany halibut

Czas przygotowania: 5 minut

Czas gotowania: 25 minut

Porcje: 4

Poziom trudności: łatwy

Składniki:

- ¼ c. posiekany świeży szczypiorek
- ¼ c. posiekany świeży koperek
- ¼ łyżeczki mielonego czarnego pieprzu
- ¾ w. bułka tarta panko
- 1 łyżka stołowa. Oliwa z oliwek z pierwszego tłoczenia
- 1 łyżeczka. drobno starta skórka z cytryny
- 1 łyżeczka. sól morska
- 1/3 w. posiekana świeża pietruszka
- 4 (6 uncji lub 170 g. każdy) filetów halibuta

Instrukcje:

W średniej misce wymieszaj oliwę z oliwek i pozostałe składniki oprócz filetów z halibuta i bułki tartej

Umieść filety z halibuta w mieszance i marynuj przez 30 minut Rozgrzej piekarnik do 400 F / 204 C Ułóż blachę na blasze do pieczenia, posmaruj sprayem do gotowania Zanurz filety w bułce tartej i umieść na blasze do pieczenia Piecz w piekarniku przez 20 minuty podawać gorące

Odżywianie (na 100g): 667 kalorii 24,5 g tłuszczu 2 g węglowodanów 54,8 g białka 756 mg sodu

Curry z łososia z musztardą

Czas przygotowania: 10 minut
Czas gotowania: 20 minut
Porcje: 4
Poziom trudności: łatwy

Składniki:

- ¼ łyżeczki mielonej czerwonej papryki lub chili w proszku
- ¼ łyżeczki kurkumy, mielonej
- ¼ łyżeczki soli
- 1 łyżeczka. Drogi
- ¼ łyżeczki czosnku w proszku
- 2 łyżeczki musztarda pełnoziarnista
- 4 (6 uncji lub 170 g każdy) filety z łososia

Instrukcje:

W misce wymieszaj musztardę i pozostałe składniki oprócz łososia. Rozgrzej piekarnik do 350 F / 176 C Pokryj blachę do pieczenia sprayem do gotowania. Połóż łososia na blasze skórą do dołu i równomiernie rozprowadź mieszankę musztardową na wierzchu filetów. Wstaw do piekarnika i piecz przez 10-15 minut lub do momentu, aż uformują się płatki.

Odżywianie (na 100g): 324 kalorii 18,9 g tłuszczu 1,3 g węglowodanów 34 g białka 593 mg sodu

Łosoś Na Cieście Orzechowo-Rozmarynowym

Czas przygotowania: 10 minut
Czas gotowania: 25 minut
Porcje: 4
Poziom trudności: średni

Składniki:

- 1 lb. lub 450 gr. mrożony filet z łososia bez skóry
- 2 łyżeczki musztarda Dijon
- 1 ząbek mielonego czosnku
- ¼ łyżeczki skórki z cytryny
- ½ łyżeczki miodu
- ½ łyżeczki soli koszernej
- 1 łyżeczka. świeżo posiekany rozmaryn
- 3 łyżki. bułka tarta panko
- ¼ łyżeczki mielonej czerwonej papryki
- 3 łyżki. posiekane orzechy
- 2 łyżeczki oliwy z oliwek extra vergine

Instrukcje:

Ustaw piekarnik na 420 F / 215 C i użyj papieru do pieczenia, aby wyłożyć blachę do pieczenia. W misce wymieszaj musztardę, skórkę z cytryny, czosnek, sok z cytryny, miód, rozmaryn, mieloną czerwoną paprykę i sól. W innej misce wymieszaj orzechy włoskie, panko i 1 łyżeczkę oleju. Umieść pergamin na blasze do pieczenia i połóż na nim łososia.

Rozłóż mieszankę musztardową na rybie i posyp mieszanką panko. Resztą oliwy z oliwek lekko spryskaj łososia. Piecz przez około 10 do 12 minut lub do momentu, aż łosoś będzie się rozdzielał widelcem. Podawaj gorące

Odżywianie (na 100g): 222 kalorii 12 g tłuszczu 4 g węglowodanów 0,8 g białka 812 mg sodu

Szybkie pomidorowe spaghetti

Czas przygotowania: 10 minut
Czas gotowania: 25 minut
Porcje: 4
Poziom trudności: średni

Składniki:

- 8 uncji lub 226,7 g spaghetti
- 3 łyżki. olej
- 4 ząbki czosnku pokrojone
- 1 jalapeno, pokrojone
- 2 w. pomidor wiśniowy
- Sól i pieprz
- 1 łyżeczka. ocet balsamiczny
- ½ w. Starty parmezan

Instrukcje:

Zagotuj duży garnek wody na średnim ogniu. Dodaj szczyptę soli i zagotuj, a następnie dodaj spaghetti. Pozwól gotować przez 8 minut. Podczas gdy makaron się gotuje, rozgrzej olej na patelni i dodaj czosnek i jalapeno. Gotuj jeszcze przez 1 minutę, a następnie dodaj pomidory, pieprz i sól.

Gotuj przez 5-7 minut, aż skórka na pomidorach pęknie.

Dodaj ocet i zdejmij z ognia. Dobrze odcedź spaghetti i wymieszaj z sosem pomidorowym. Posyp serem i od razu podawaj.

Odżywianie (na 100g): 298 kalorii 13,5 g tłuszczu 10,5 g węglowodanów 8 g białka 749 mg sodu

Zapiekany Ser Z Pieprzowym Oregano

Czas przygotowania: 10 minut

Czas gotowania: 25 minut

Porcje: 4

Poziom trudności: łatwy

Składniki:

- 8 uncji lub 226,7 g sera feta
- 4 uncje lub 113 g mozzarelli, pokruszonej
- 1 posiekana papryka
- 1 łyżeczka. suszone oregano
- 2 łyżki stołowe. olej

Instrukcje:

Umieść ser feta w małym, głębokim naczyniu do zapiekania. Przykryć mozzarellą i doprawić plasterkami pieprzu i oregano. przykryj garnek pokrywką. Piec w nagrzanym piekarniku 350 F / 176 C przez 20 minut. Podawaj ser i ciesz się.

Odżywianie (na 100g): 292 kalorii 24,2 g tłuszczu 5,7 g węglowodanów 2 g białka 733 mg sodu

311. Chrupiący kurczak po włosku

Czas przygotowania: 10 minut

Czas gotowania: 30 minut

Porcje: 4

Poziom trudności: łatwy

Składniki:

- 4 udka z kurczaka
- 1 łyżeczka. sucha bazylia
- 1 łyżeczka. suszone oregano
- Sól i pieprz
- 3 łyżki. olej
- 1 łyżka stołowa. ocet balsamiczny

Instrukcje:

Dobrze dopraw kurczaka bazylią i oregano. Używając patelni, dodaj olej i podgrzej. Dodaj kurczaka do gorącego oleju. Niech każda strona smaży się przez 5 minut na złoty kolor, a następnie przykryj patelnię pokrywką.

Ustaw średni ogień i smaż przez 10 minut z jednej strony, a następnie kilkakrotnie obracaj kurczaka, smaż przez kolejne 10 minut, aż będzie chrupiący. Podawaj kurczaka i ciesz się.

Odżywianie (na 100g): 262 kalorii 13,9 g tłuszczu 11 g węglowodanów 32,6 g białka 693 mg sodu

www.ingramcontent.com/pod-product-compliance
Lightning Source LLC
Chambersburg PA
CBHW071239080526
44587CB00013BA/1682